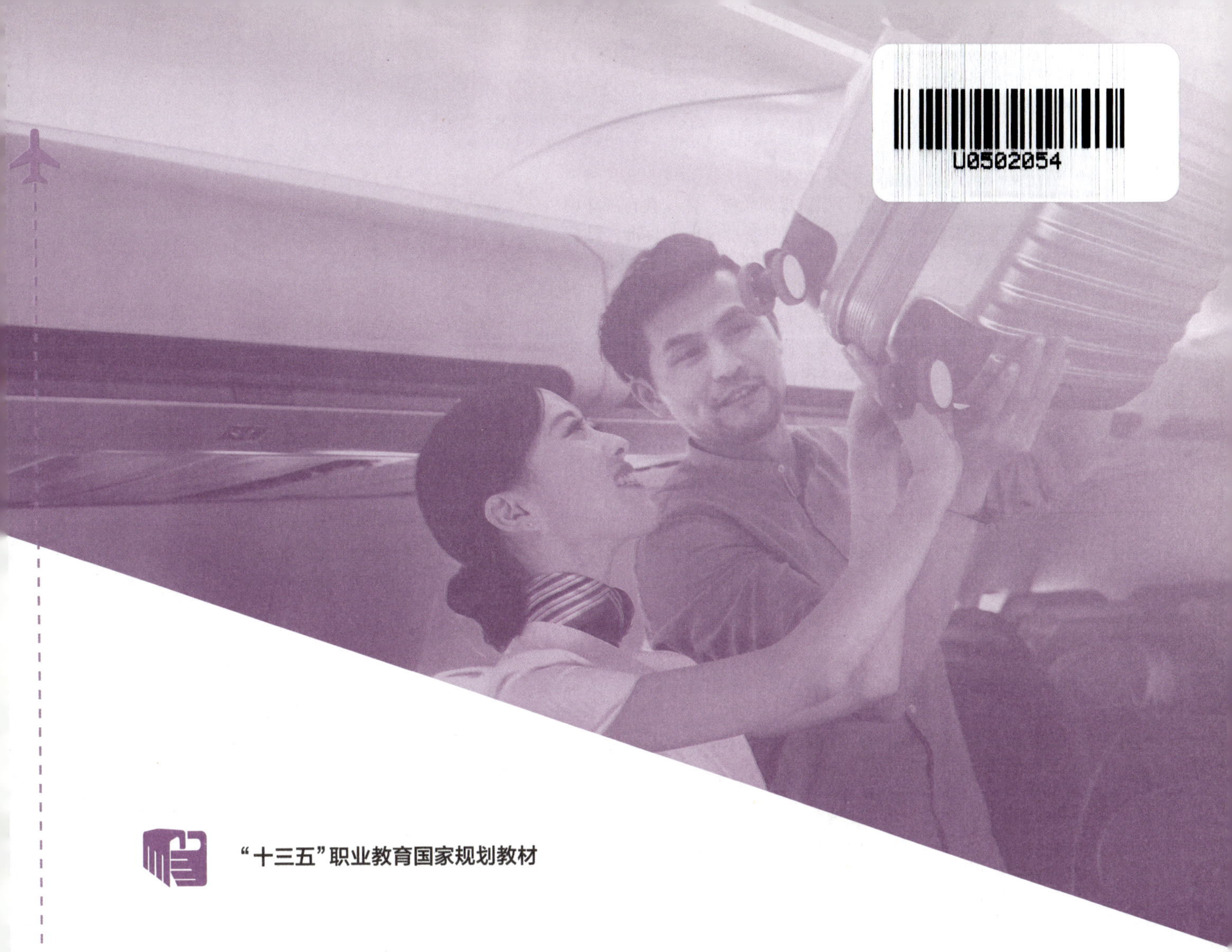

“十三五”职业教育国家规划教材

民航服务礼仪

（第二版）

主　编　刘宇虹
副主编　宋书灵

高等教育出版社·北京

内容简介

本书是"十三五"职业教育国家规划教材，依据教育部《中等职业学校航空服务专业教学标准》，并参照民航业标准，结合中等职业学校教学实际情况，在 2016 年版的基础上修订而成。

本书共分 7 个项目，以项目－任务为引领，主要内容包括：民航服务礼仪概述、民航服务人员的一般行为礼仪、民航服务人员的仪态礼仪、民航服务人员的言谈礼仪、民航服务人员的形象礼仪、特殊旅客的服务礼仪、中外民俗与礼仪。本书在修订过程中更新了部分案例，增加了"充电站"内容，便于学生获取较新的行业资料。

本书配套二维码视频和学习卡资源，获取相关资源的详细说明见本书"郑重声明"页。

本书既可供中等职业学校航空服务类专业学生使用，也可作为有志于从事航空服务的社会人员培训使用，以及供相关岗位人员参考使用。

图书在版编目（CIP）数据

民航服务礼仪 / 刘宇虹主编. -- 2版. -- 北京 :
高等教育出版社，2022.2
　ISBN 978-7-04-057829-4

　Ⅰ. ①民… Ⅱ. ①刘… Ⅲ. ①民用航空-乘务人员-
礼仪-中等专业学校-教材 Ⅳ. ①F560.9

　中国版本图书馆CIP数据核字(2022)第019715号

Minhang Fuwu Liyi

| 策划编辑 | 曾 娅 | 责任编辑 | 曾 娅 | 封面设计 | 张 楠 | 版式设计 | 张 杰 |
| 责任校对 | 刘娟娟 | 责任印制 | 存 怡 |

出版发行	高等教育出版社	网　　址	http://www.hep.edu.cn
社　　址	北京市西城区德外大街 4 号		http://www.hep.com.cn
邮政编码	100120	网上订购	http://www.hepmall.com.cn
印　　刷	北京利丰雅高长城印刷有限公司		http://www.hepmall.com
开　　本	889 mm×1194 mm 1/16		http://www.hepmall.cn
印　　张	9	版　　次	2016 年 10 月第 1 版
字　　数	190 千字		2022 年 2 月第 2 版
购书热线	010-58581118	印　　次	2022 年 2 月第 1 次印刷
咨询电话	400-810-0598	定　　价	26.80 元

第二版前言

党的十九大明确提出，我国经济已由高速增长阶段转向高质量发展阶段。我国民航业的持续快速增长，正是适应新时代民航强国建设的本质要求。2020年，我国航线总数达到5 581条，其中国内航线4 686条、国际航线895条，航空运输企业64家，全行业飞机达3 903架。在这样"雄厚"的实力下，2020年旅客运输量达到4.2亿人次，年旅客吞吐量100万人次以上的机场共85个。

民航业的快速发展，需要大量高素质的专业化人才做支撑。作为中等职业院校航空服务专业的核心课程教材，本书经过五年的使用，得到职业院校师生的广泛好评。综合时代发展、征求使用师生的意见建议，本书的修订有以下特点：

1. 突出职教特色。本专业的主要培养目标是高素质劳动者和技术技能人才。结合民航服务行业的特点要求，通过任务导入的案例、情境化"牛刀小试"的模拟训练等环节帮助学生快速学习掌握民航服务礼仪。

2. 培养职业能力。以实现学生高质量就业为目标，通过7个项目的学习，使学生能够掌握民航服务过程的相关礼仪，并能对照教材进行基础训练，为顺利就业打下基础。

3. 丰富数字化资源。本次修订新增二维码视频，学生通过扫描书上的二维码可随时观看学习。此外，更新了配套的教学课件和电子教案，全面助力中职师生的教与学。

由于各地教学实习环境存在差异，具体学时安排建议如下（总学时36）：

项　　目	项　目　内　容	建　议　学　时
项目一	民航服务礼仪概述	4
项目二	民航服务人员常用服务礼仪	6
项目三	民航服务人员的仪态礼仪	5
项目四	民航服务人员的言谈礼仪	5
项目五	民航服务人员的形象礼仪	5
项目六	特殊旅客的服务礼仪	4
项目七	中外民俗与礼仪	7
总学时		36

参与本书修订的有青岛旅游学校李琳、沈力、潘月华、周伟东，全书由刘宇虹任主编、宋书灵任副主编，并负责统稿。本书在修订过程中得到了山东航空公司相关人员的大力支持，提供了大量的工作实践案例，使教材反映当代社会进步、科技发展、学科发展前沿和行业企业的新技术、新规范和新知识，更加符合职业院校学生的需求，很好地体现了产教融合、校企合作，在此一并表示感谢。

　　因水平所限，书中难免有不足之处，敬请专家及读者批评指正，读者意见反馈邮箱：zz_dzyj@pub.hep.cn。

编者

2021 年 6 月

第一版前言

本书是"十二五"职业教育国家规划立项教材，依据教育部《中等职业学校航空服务专业教学标准》，并参照民航行业标准，结合中职教学实际情况编写而成的。

21世纪以来，随着我国经济的持续快速增长，新机场不断建设，新航线不断开辟，各航空公司大量购置新飞机，民航服务人员也大量增加，民航业呈现出迅猛发展的态势。以往，主要由民航系统院校承担的专业人才的培养规模有限，难以满足民航业迅速扩张对人力资源的大量需求。目前，全国各地涌现出大量不同层次、规模的院校或社会培训机构进行与民航业相关的专业培训，中等职业教育是其中一支重要的培训队伍。

民用航空运输是以飞机作为运输工具，以民用为宗旨，以航空港为基地，通过一定的空中航线运送旅客和货物的运输方式。它是国家和地区交通运输系统的有机组成部分。其中旅客运输是民用航空运输的主要工作内容之一，其服务质量的好坏，直接关系到民航运输业的生存与发展。而要提高服务质量，关键在于提高工作人员的服务意识和综合职业能力。

《民航服务礼仪》是在介绍基本礼仪知识的基础上，结合民航服务行业的特点，阐述民航服务人员所应具备的礼仪规范、业务素质和职业道德，旨在深化学生对礼仪规范和服务意识的理解，为从事民航服务行业各岗位工作打下扎实的基础，也是民航服务专业学生必修的一门职业技能课。

中等职业教育以就业为导向，以培养基础职业能力为主线，以实现学生高质量就业为主要目标。因此，在本书的编写中主要有两个方面的体现：一是突出技能培养，注重案例分析、情境模拟等环节，力图为学生营造职业氛围；二是突出民航服务的职业特色，将岗位要求和标准贯穿内容学习的全过程。全书共分为七章，分别从礼仪概述、一般行为礼仪、仪态礼仪、言谈礼仪、形象礼仪、特殊旅客的服务礼仪、中外民俗与礼仪等方面进行了介绍。书中配有大量的图片，结合工作场景设计的"牛刀小试"环节，便于师生理解和操作。通过本书学习，学生可基本掌握民航服务过程中的相关礼仪礼节，经过对照教材进行基本能力的训练，可为从事相关工作打下良好的基础。

由于各地教学实习环境存在差异，参考学时安排建议如下（总学时36）：

章　名	项　目　内　容	建　议　学　时
第一章	民航服务礼仪概述	4
第二章	民航服务人员常用服务礼仪	6
第三章	民航服务人员的仪态礼仪	5
第四章	民航服务人员的言谈礼仪	5
第五章	民航服务人员的形象礼仪	5
第六章	特殊旅客的服务礼仪	4
第七章	中外民俗与礼仪	7
总学时		36

　　本书编写的具体分工如下：郭爱顺编写第一、二章，李琳编写第三章，潘月华编写第四章，周伟东编写第五章，张淑珍编写第六章，沈力编写第七章。本书由青岛旅游学校的刘宇虹任主编并统稿，宋书灵任副主编。本书在编写过程中得到了北京市教育科学院特聘中职课改专家杨文尧老师的悉心指导，特此感谢。

　　编者因水平所限，书中难免有不足之处，敬请专家及读者批评指正。读者意见反馈邮箱：zz_dzyj@pub.hep.cn。

编者

2016 年 6 月

目录

项目一　民航服务礼仪概述

■ 学习目标

　　1．了解礼仪的概念、民航服务产品、民航服务礼仪的内容、民航各岗位服务人员行为礼仪规范。

　　2．理解礼仪的特点、作用、原则，民航服务特性与礼仪的密切关系。

　　3．能够深刻领会民航服务礼仪的必要性，端正礼仪学习态度，提高礼仪修养和服务意识。

✈ 礼仪警句

　　◆ 人无礼则不生，事无礼则不成，国家无礼则不宁。

——荀子

　　◆ 不学礼，无以立。

——孔子

任务导入

十二次微笑

　　飞机起飞前，一位旅客请求客舱服务员小唯给他倒一杯水吃药。小唯很有礼貌地说："先生，为了您的安全，请稍等片刻，等飞机平稳飞行后，我会立刻把水给您送过来，好吗？"

　　15分钟后，飞机处于平稳飞行状态。突然，旅客服务铃急促地响了起来，小唯猛然意识到：糟了，由于太忙，自己忘记给那位旅客倒水了！当小唯急忙来到客舱，看见按响服务铃的果然是刚才那位旅客。她小心翼翼地把水送到那位旅客跟前，面带微笑地说："先生，实在对不起，由于我的疏忽，延误了您吃药的时间，我感到非常抱歉。"这位旅客抬起左手，指着手表说道："怎么回事，有你这样服务的吗？"无论小唯怎么解释，这位挑剔的旅客都不肯原谅她的疏忽。

　　接下来的飞行途中，为了补偿自己的过失，每次去客舱给旅客服务时，小唯都会特意走到那位旅客面前，面带微笑地询问他是否需要水，或者别的什么帮助。然而，那位旅客余怒未消，摆出一副不合作的样子，并不理会小唯。

临到目的地前，那位旅客要求小唯把留言本给他送过去，很显然，他要投诉小唯。此时小唯心里虽然很委屈，但是仍然不失风度，显得非常有礼貌，而且面带微笑地说道："先生，请允许我再次向您表示真诚的歉意，无论您提出什么意见，我都将欣然接受您的批评！"那位旅客脸色一紧，嘴巴准备说什么，可是却没有开口，他接过留言本，开始在本子上写了起来。

等到飞机安全降落，所有的旅客陆续离开后，小唯打开留言本，却惊奇地发现，那位旅客在本子上写下的并不是投诉信，相反，这是一封热情洋溢的表扬信。

是什么使得这位挑剔的旅客最终放弃了投诉呢？在信中，小唯读到这样一句话："在整个过程中，你表现出的真诚的歉意，你的礼貌，特别是你的十二次微笑，深深打动了我，使我最终决定将投诉信写成表扬信！你的服务质量很高，下次如果有机会，我还将乘坐你们的这趟航班！"

任务一　礼仪基础知识

我国素有礼仪之邦的美誉，礼仪的历史源远流长。在礼仪的发展过程中，礼仪的含义和内容也随时代更迭、社会的发展不断变化。了解礼的基本知识，是民航服务人员学习礼仪的基础和起点。

一、礼的概念与内涵

（一）礼、礼貌、礼节、礼仪

1. 礼

礼，一般指礼貌、礼节。而在我国，礼是一个独特的概念，有多重含义。新版《辞海》注释道：礼，① 本为敬神，后引申为表示敬意的通称；② 为表示敬意或表示隆重而举行的仪式；③ 泛指奴隶社会或封建社会贵族等级制的社会规范和道德规范等。由此可见，礼的含义比较丰富。

现今，"礼"往往表示在人际交往中，相互尊重、亲善和友好的行为、言语等的总称。其核心本质是对他人的尊重和体贴。

2. 礼貌

礼貌一般指人们在交往过程中相互表示敬意和友好的行为准则和精神风貌，是一个人在待人接物时的外在表现。它通过仪表及言谈、举止来表示对交往对象的尊重。

3．礼节

礼节是指人们在日常生活中，相互表示问候、致意、祝愿、慰问等的惯用形式。礼节是礼貌的具体表现。

4．礼仪

礼仪包括"礼"和"仪"两部分。"礼"，即礼貌、礼节；"仪"，即仪表、仪态、仪式。礼仪是对礼节、仪式的统称。

礼仪是人们在各种具体的社会交往中，为了相互尊重，在仪表、仪态、仪式、仪容、言谈举止等方面约定俗成的、共同认可的规范和程序。

从广义的角度看，礼仪泛指人们在社会交往中的行为规范和交际艺术。

狭义的礼仪通常是指在较大或隆重的正式场合，为表示敬意、尊重、重视等所举行的合乎社交规范和道德规范的仪式。

（二）礼貌、礼节、礼仪之间的关系

礼貌、礼节、礼仪都属于礼的范畴，三者之间既有联系又各有侧重。

礼貌是表示尊重的言行规范，它侧重于表现个人的品质与素养；礼节是表示尊重的惯用形式，它侧重于行为和做法；礼仪是由一系列具体表示礼貌的礼节所构成的，它侧重于表示礼貌的完整、系统的过程。礼仪在层次上要高于礼貌、礼节，其内涵更深、更广。

礼貌、礼节、礼仪尽管名称不同，但其本质都是尊重人、关心人、体贴人。三者相辅相成，密不可分。礼节是礼貌的具体表现，有礼貌而不懂礼节，往往容易失礼。礼仪又是由一系列具体的礼貌、礼节所构成，礼貌是礼仪的基础，礼节是礼仪的基本组成部分。

二、礼仪的特征

1．共同性

尽管世界上存在着不同的国家、不同的民族，有着不同的生活习俗和特点、不同的风情和文化，对礼仪有着不同的理解、不同的内涵、不同的要求，但人们对礼仪的要求却是共同的。它是全人类共同的需要，早已跨越疆界和民族的界限。

2．差异性

由于民族信仰、习俗、环境等因素的影响，不同国家、地区、民族都有着自己不同的发展历史，同样也会有着有别于其他国家、地区、民族的礼仪内容和表达方式。如人们日常见面，我国多行握手礼，日本、韩国多行鞠躬礼，印度、泰国、缅甸等国及东南亚国家多行合十礼。因此，作为国家窗口行业的民航服务人员，了解不同国家的礼仪习俗和禁忌是其工作的重要内容。

3．延续性

礼仪是人类历史发展过程中逐步形成、沉淀、积累下来的一种文化，将人们交际活动中约定俗成的程序固定下来，这种固化程式随着时间的推移沿袭下来，被一代一代地继承下去。如鞠躬礼，便源于中国商代的一种祭天仪式"鞠祭"，由此演变，世代延传。

4．发展性

礼仪是社会发展的产物，是人们在各种社会的交往中，为了相互尊重，在仪表、仪态、仪式、仪容、言谈举止等方面共同认可的规范和程序。因此，一个时代的社会风貌、文化习俗、思想观念都会对其产生一定的影响，具有时代的特点。但它不是一成不变的，社会的进步、时代的发展会赋予其新的内容、新的形式。如我国封建社会时期人们日常打招呼多行抱拳礼，而正式场合君臣见面行跪拜礼，从清末开始，握手礼作为一种新的见面行礼方式，在我国逐渐推广开来。

三、礼仪的作用

1．教化作用

礼仪是人类社会进步的产物，是传统文化的重要组成部分，是人们在社会交往中言行方面的规范。它一方面通过引导、劝阻、示范等形式纠正人们不正确的行为习惯，指导人们按礼仪规范的要求去进行人际交往，维护社会正常生活；另一方面将礼仪文化世代相传，世代教化。

2．沟通作用

礼仪行为的信息性很强，每一种行为都能表达一种甚至多种信息。在人际交往中，交往双方只有按照礼仪的要求，才能更有效地向交往对象表达自己的尊敬、敬佩、善意和友好，人际交往才可以顺利进行和延续。

3．塑造作用

礼仪重视内在美和外在美的统一。礼仪在行为美学方面指导着人们不断地充实和完善自我，并潜移默化地熏陶着人们的思想和心灵，使人们的谈吐变得越来越文明，人们的装饰打扮变得越来越富有个性，举止仪态越来越优雅，体现出时代的精神风貌。

4．约束作用

礼仪作为社会行为规范，对人们的行为有很强的约束力。在维护社会秩序方面，礼仪起着法律所起不到的作用。正如古人所言，"安上治民，莫善于礼""礼，经国家，定社稷，序民人，利后嗣者也"。

四、礼仪的原则

作为一种约定俗成的行为规范，礼仪有其自身的规律性，这也就是礼仪的原则。在学

习、运用礼仪时，要掌握基本的礼仪原则。

1．敬人原则

尊敬他人，既是人际交往获得成功的重要保证，也是礼仪的核心。敬人的原则，就是要求在运用礼仪时，要敬人之心常存，把对交往对象的恭敬和尊重放在首位，不可失敬于人，不可损人利己，不可伤害他人的尊严，更不能侮辱对方的人格。敬人既是尊敬他人，也是尊敬自己，维护着个人乃至组织的形象。

在民航服务工作中，服务人员要谨记"旅客至上"原则，把旅客放在首位，一切为旅客着想，主动热情地去满足旅客的各种合理需求和愿望。而在旅客所有的需求和愿望中，对受尊重的需求，是最强烈和最敏感的，同时也是正常的、合理的和起码的要求，是旅客的基本权利。

2．真诚原则

正如苏格拉底所言："不要靠馈赠来获得一个朋友，你须贡献你诚挚的爱，学习怎样用正当的方法来赢得一个人的心。"礼仪运用，必须诚心诚意，待人以诚。真诚是对人对事的一种实事求是的态度，是待人真心真意的友善表现，在交际过程中要做到诚实守信，不说谎、不虚伪、不侮辱人。所谓"骗人一次，终身无友"。同样，在民航服务中，首先要突出"真诚"二字，对宾客要提供有情感的服务，避免单纯的任务性、机械呆板的服务，因为服务的对象不是冰冷的机械，而是有着丰富情感和思想的人。

3．宽容原则

宽容原则是要求人们在交际活动中运用礼仪时，既要严于律己，又要宽以待人，不过分计较对方礼仪上的差错过失。

在民航服务工作中，要多理解旅客、体谅旅客，切不可求全责备、斤斤计较，甚至咄咄逼人。面对旅客提出的过分的甚至是失礼的要求，民航服务工作人员应冷静而耐心地解释，决不要穷追不放，把旅客逼至窘境。当客人有过错时，要"得理也让人"，学会宽容对方，保全客人的尊严。

4．适度原则

适度原则就是要求在运用礼仪时，既要合乎规范，又要针对具体情况，把握分寸，处置得当。依具体情境而行使相应的礼仪，既要彬彬有礼，又不能低三下四；既要热情大方，又不能轻浮谄媚；要自尊不要自负，要坦诚但不能粗鲁。没有"度"，施礼就可能进入误区。

在民航服务过程中，虽然要理解旅客、体谅旅客，但并不是没有原则地一味迁就或退让，而是应该在法律、道德、规范容许的范围内进行"宽容"，绝对不能没有范围和尺度。

5．平等原则

平等是礼仪的核心，礼仪是在平等的基础上形成的，是一种平等的、彼此之间相互对待关系的体现。平等原则是指对任何交往对象都必须以礼相待，一视同仁。所以民航服务人员在面对来自四面八方的旅客时,应给予同等程度的礼遇,不厚此薄彼,更不能以貌取人,或以职业、地位、权势压人。做到:内外一样(内宾、外宾),高低一样(身份高的、身份低的),新老一样(新旅客、老旅客)。

6. 自律原则

自律原则就是自我约束,按照礼仪规范严格要求自己,知道自己该做什么,不该做什么。这是礼仪的基础和出发点。学习、运用礼仪,最重要的就是要自我要求、自我约束、自我对照、自我反省、自我检查。

民航服务人员不仅要了解和掌握具体的礼仪规范,而且要在内心树立起一种道德信念和行为修养,在对客服务中从自我约束入手,时时检查自己的行为是否符合礼仪规范,在工作中严格按照礼仪规范接待和服务旅客,做到有没有上级主管在场一个样,客前客后一个样,把礼仪的规范变成自觉的行为。

7. 从俗原则

从俗原则就是指交往各方都应尊重相互之间的风俗、习惯,了解并尊重各自的禁忌。由于国情、民族、文化背景的不同,在人际交往中,必须坚持入乡随俗,要与当地人的习惯做法保持一致。

民航服务人员每天面对来自不同国度、不同民族、有着不同信仰和习俗的旅客,一定要了解有关风俗禁忌的相关知识,尊重客人的礼仪风俗,切勿自以为是,以免在工作中引起不必要的麻烦。

任务二 民航服务与礼仪的关系

民航服务作为服务行业当中一个具体的分支,也具有与服务业共同的一些特性。只有了解民航服务产品特性,才能更好地领会提高礼仪修养的必要性。

一、民航服务产品简介

既然民航服务业要靠生产和销售自己的商品才能生存,那么民航服务业生产和销售的商品是什么?简单说就是服务。这里所说的服务是广义的服务,是由硬件和软件构成的。硬件通常指服务企业自身的设备设施、服务项目、产品的实际功能等。软件则主要指由服务人员所提供的服务,也就是狭义的服务。

(一)服务的定义

服务的定义说法不一,比较权威的一种定义是:"为满足客人的需要,供方与客人接触的活动和供方内部活动所产生的结果。"

服务的定义告诉我们：

1. "客人"是产品或服务的接受者

"客人"（Customer）是个广义的概念，它不仅指那些需要接受民航服务的客人，也包括工作中需要支持和帮助的部门和员工。业界内常说"下道工序是客人"，如机场问询处需每天面对客人各种各样的询问，为了保证回答的准确性，在进行信息储备时，需要和有关部门进行落实。此时，相对于有关部门来讲，机场问询处的员工就是这些部门的客人。树立"二线部门为一线部门服务"观念是为客人提供优质服务产品的保障。

2. 服务必须以满足客人的需要为核心

定义中所说的需要是指客人对服务的物质和精神方面的需要。服务既需要靠人工，也需要靠物质，而物质在很大程度上依赖于先进的设备设施和技术。民航服务人员在为客人提供产品与服务时，要尽量满足客人一切合理的需要，尽力帮助客人，始终把客人置于关注的重心。

但在满足客人需要的同时还应考虑到社会的需求，看客人需要是否符合国家法规、环境资源保护等方面的规定。当客人需要与社会、国家需求相矛盾时，应首先以国家、社会利益为重。

再者，客人的需要也是与时俱进、不断变化和发展的，因此随着社会的发展，航空公司也应不断改变和完善自己的服务，以更好地满足客人的物质和精神需要。

3. 与客人接触是服务的关键时刻

瑞典学者诺曼提出的"服务关键时刻"一直为服务界所公认。服务的关键时刻，就是指客人光顾公司任何一个部门发生关系的一瞬间。在这一瞬间的接触中，服务人员的行为与客人的感觉直接发生作用，因此每一个细节每一瞬间都可能是决定性的，直接决定了客人的感受、印象、买与不买、接受与不接受的结果。

一直以提供最佳飞行和服务为自己使命的北欧航空公司（现已划分为四家航空公司）根据服务关键时刻的理论，研究出若干个服务关键时刻点，如旅客抵达机场内航空公司柜台时；旅客寻找登机通道时；服务人员检查旅客登机牌，邀请旅客登机时；旅客寻找自己的座位时；旅客在座位上坐定时；旅客接受机上餐饮时。按照上述服务关键时刻，该航空公司注意加强服务关键时刻的服务质量管理与控制，从而取得了很大的成功，上座率不断上升，最终成为国际著名航空公司。

因此，服务行业普遍认为，服务关键时刻是服务中的关键，谁不注重此时刻，就等同于把自己的市场拱手让与别人。

（二）服务的含义

服务，英文"SERVICE"，人们经过服务业多年的实践摸索与研究发现，其实SERVICE的每个字母都蕴含着丰富的含义。其中每一个字母的含义，实际上都是对服务人员的行为、语言的一种要求。

说法一：

1．S—Smile（微笑）

服务的基本要求就是微笑，服务人员应对每一位客人提供发自内心的微笑服务。

2．E—Excellent（出色）

服务人员不能忽视每一个细节，应将每一份细小的事情做得非常出色。

3．R—Ready（准备）

服务人员要随时准备好为客人服务。只要开始服务工作，就应处于"时刻准备着"的状态，以应对各种突发的服务需要。

4．V—Viewing（看待）

服务人员要把每一位客人都看作需要提供特殊照顾的贵宾。

5．I—Inviting（邀请）

服务人员在每一次服务结束时，都要真诚邀请客人下次光临。

6．C—Creating（创造）

每一位服务人员都要精心创造出使客人能享受其热情周到、恰到好处的服务环境及气氛。

7．E—Eye（眼睛）

每一位服务人员都应该始终用热情的眼神关注每一位客人、预测客人需求，并及时提供服务，使客人时刻感受到服务人员在关注自己。

说法二：

1．真诚与微笑（Sincere and Smile）

为客人提供发自内心的、有情感的微笑服务。

2．讲效率（Efficient）

快速而准确的服务。要求服务动作要快速敏捷，服务程序要准确无误。

3．随时做好服务的准备（Ready to serve）

服务人员首先要做好心理方面的准备，如调整好自己上岗工作的精神状态、提前了解客人的情况；还要做好物质方面的准备，如各种服务器具、用品、资料、信息的准备。

4．做好可见服务（Visible）

把自己的工作随时置于客人的监督之下，使客人能感觉到你的工作成果。

5．树立全员销售意识（Informative）

每一位服务人员都是公司产品的推销员。

6．讲礼貌（Courteous）

讲究仪容仪表，讲究待人接物。

7．服务优良（Excellent）

能做到上述六点的服务人员就是称职的，提供的服务就是优良的。

二、民航服务产品特性与礼仪的密切关系

民航服务通常包括客舱服务和地面服务两部分，环节繁杂，内容琐碎，但每一项工作的完成无不需要礼节礼貌渗透其中，甚至可以这样说，待客礼仪的体现程度直接决定着旅客对整个服务的评价结果。只有充分认识到两者的密切联系，才能更好地为旅客提供优质的服务。

1．服务性与礼仪

民航运输业属于第三产业，是服务性行业。它以旅客运输量的多寡反映服务的数量，又以服务手段和服务态度反映服务的质量。这就决定了民航运输企业必须不断扩大运力来满足不断变化、日益增长的消费需求，遵循"旅客第一，用户至上"的原则，为消费者提供安全、方便、舒适、迅速的优质服务。而不管旅客的需求如何变化，对尊重、对礼貌服务的需求总是越来越强的，所以提高礼仪修养是民航运输业的生存之道、发展之道。

2．无形性与礼仪

民航服务既提供有形的产品，如飞行运输设备、对客服务的餐食，也注重提供无形的服务。无形的服务不同于有形产品，像食品、电视机等有形产品，可以从外观、色泽、性能等量化数据与标准来判断其质量的高低、优劣，而民航服务中的无形服务则只能在旅客购买并享受之后，凭着生理和心理的感受加以评价，其心理感受的主要评价内容是民航服务人员的礼节礼貌服务。所以，民航服务质量的优劣取决于民航服务人员的待客表现，礼貌礼节规范是旅客评价的一个重要依据。

3．同时性与礼仪

在我们的社会生活中，普通商品不是直接由生产厂家到消费者手里的，而是要经过商业的流通环节。如冰箱在工厂生产出来后，首先进入流通领域，经过一定的商业活动，最后到达顾客手中。生产冰箱是工厂的事，而消费则是客人的需求。冰箱的生产过程与客人的消费过程是分离的。所以物质商品是先生产后消费，不受客人即时需要的限制。

民航服务产品的生产则没有这样一个独立生产过程，它受旅客即时需要的限制，只有当旅客购买了机票并开始了自己的空中旅程，服务与设施相结合，才能表现为一种产品，反之则不成。

由于旅客的消费过程与我们服务人员的生产服务产品过程是同时的，所以民航服务人员的一个眼神、一句话语、一个细小的手势动作都会成为航空企业服务产品的一部分。而眼神、语言表达、手势运用皆属于礼仪学习范畴。

4．不可储存性与礼仪

所谓储存，根据《现代汉语词典》（第7版）的解释，是指（把物或钱）存放起来，暂时不用。储存的对象一般是有形的物品。普通实物产品，若一时卖不出去，可以将产品归仓

储存进行保管等之后再出售，而民航服务产品则完全不同。航空运输产品的特征，是一边生产一边消费，不能储存，受时间的严格制约。比如，飞机起飞后，空座位也就不能再销售了，这也是区别于其他物质生产部门的重要客观标志。

由于服务的不可储存性，因此服务能力的管理对服务运作非常重要。服务能力不足，就会导致机会损失；服务能力过剩，就会白白支付固定成本。通过真诚的礼貌待客、优质的服务去争取更多的客源，是避免服务能力过剩的重要法宝。而优质服务的关键就是礼节礼貌意识在对客过程中的充分体现。

5．差异性与礼仪

民航服务的对象是一个个有着不同面孔、不同个性、生活背景经历各有不同、修养素质不一的鲜活的人，加之外出目的不一，有可能他们的需求也各不相同；另外，民航服务是由若干在民航服务工作岗位上的员工通过面对面的对客服务来完成的，而每位员工由于性别、年龄、性格、个人素养、生活阅历各有不同，他们为旅客提供的服务也不尽相同。

服务的差异性要求民航服务人员端正服务思想和态度，正确认识自己的行业和服务的宾客，通过不断的业务培训和礼貌素养的提高，来保证服务的规范化、个性化、情感化。

三、民航服务礼仪的内容

1．民航服务人员的仪表仪容

仪表，是指人的容貌、姿态、服饰和个人卫生等方面，它是民航服务人员精神面貌的外在表现，更是航空服务公司的脸面。服务人员在上岗前必须根据礼仪规范要求着装，以更好地展示公司和个人形象，上岗期间还要注意自己形象的维护和保持。

2．民航服务人员的行为举止

人的举手投足都可称为举止。它是一种不说话的语言，由内而外真实地反映着一个人的素质，正如培根所言，"相貌的美高于色泽的美，而秀雅合适的动作美又高于相貌的美，这才是美的精华"。民航服务人员从销售机票到咨询、值机、办理乘机手续、行李托运、安检、登机等，都要借助一定的行为来实现整个服务，所以民航服务人员的动作举止能最真实地反映员工素质和企业管理水平。

3．民航服务人员的言语谈吐

俗话说"良言一句三冬暖，恶语半句六月寒"，可见语言使用是否得当，是否合乎礼仪，会产生迥然不同的效果。在日常生活和服务工作中，人们运用语言进行交谈、表达思想、沟通信息、交流感情，从而达到建立、调整、发展人际关系的目的。言谈是考察一个人人品的重要标志，也是反映一个人礼仪修养的重要标志，更是服务工作的重要媒介，所以民航服务人员一定要注意语言方面的礼貌问题。

4．民航服务人员的表情神态

美国心理学家艾伯特·梅拉比安把人的感情表达效果总结了一个公式：感情的表达＝语言（7%）＋声音（38%）＋表情（55%），这个公式是否科学合理且不去深究，但它说明了表情在人际间沟通时能够恰如其分地表现出人的内在感情。这也是服务的关键所在。

四、学习民航服务礼仪的必要性

学习民航服务礼仪对每个员工、航空公司、地区乃至国家的形象树立都有着重要的意义。

1．有助于提高民航服务人员的个人修养

一个人的礼仪修养可以反映出其学识、品格，是个人人格的外在体现。通过礼仪学习，民航服务人员可以按照一定的礼仪规范要求，结合自身实际情况不断自我约束、自我锻炼和改造，做一个有教养、有礼貌、受欢迎的现代人。

2．有助于体现对宾客的尊重和个人的职业素养

在人们的日常社会交际中，礼仪是一种社会道德规范，是人们日常交往的行为准则。而在职业范畴里，礼仪反映着从业人员的职业素养，是服务人员职业道德中"热情待客，宾客至上"意识的具体体现。在民航对客服务中，旅客的需求虽然多种多样，但其最基本的需要是不变的。在整个航空旅行过程中，旅客除了物质需求外，更重要的是精神需求的满足。"受到尊重"便是旅客最基本的需求之一。而"体贴和尊重"就是礼仪的核心本质，"礼貌待客"也是服务接待工作的核心内容，所以学习礼仪会使民航服务人员在态度、言行、举止等方面更好地尊重和体贴旅客，为旅客提供优质服务，反映出一个服务人员的基本职业素养。

3．有助于提高航空公司的服务质量和服务水平

大韩航空公司中国地区本部长姜圭元说过这么一段话："一家航空公司要吸引客人，不仅硬件要过关，而软件，也就是服务方面，是一个系统、很长的链条。从电话预订机票开始，到航班上的餐食，再到乘客抵达目的地后的地面服务，环环相扣，任何一个方面都不能疏忽。"对航空公司来讲，硬件固然重要，但软件绝不能软，作为软件核心之一的"礼貌待客"不仅体现着一家航空公司的服务质量和服务水平，也影响着企业的经济效益和社会效益，直接决定航空公司的生存与发展。

4．有助于展示一个地区、一个国家的形象

礼仪修养是社会道德文化的重要组成部分，它反映了一个社会和地区的进步和文明程度，是由其成员和民众履行情况来体现的。民航服务人员作为展示自己国家文明形象的"大使"，代表的是国家的形象，展示的是国民文明程度和精神风貌。我国素有礼仪之邦的美誉，大部分民航企业作为国有控股企业，是对外展示的窗口，民航服务人员良好的礼仪修养会产生积极的宣传效果，能为其所在的企业、城市、国家树立良好形象，赢得荣誉。

任务三　民航企业各岗位服务人员行为规范

一、民航企业各岗位服务人员基本行为规范

（1）严格遵守各项规章制度，按时到岗，不迟到，不早退。

（2）上岗前注意检查自己的仪表仪容，注意个人卫生。不得食用大蒜、大葱、韭菜等具有强烈刺激性气味的食物。

（3）工作中坚守岗位，工作间隙不得擅离职岗。

（4）不对过往旅客指指点点、评头论足。

（5）在工作场所遵守工作纪律，不吸烟，不嚼食口香糖及其他食品，当班时不看与工作无关的报纸、杂志等。

（6）当班时，不得有剔牙、挖耳、抠鼻、揉眼等不文雅行为。

二、客舱服务各岗位服务人员行为规范

（一）乘务员

机舱乘务员通常分头等舱乘务员和客舱乘务员。头等舱乘务员主要负责头等舱、驾驶舱的服务以及核对旅客人数等工作；客舱乘务员主要负责厨房和普通舱的旅客服务工作。其主要行为规范有：

（1）乘务员当班时，必须按规范穿着工作装。与旅客、领导、同事相遇，应微笑示意、驻足让道、主动问好。

（2）认真检查机舱相应设备、物品及环境卫生，为旅客创造一个舒心的旅行空间。

（3）与乘务长一起迎送旅客，姿态规范、微笑待客、语音亲切、言语规范。

（4）为旅客服务时，应主动、热情、耐心、周到、有礼，工作中做到"六勤"，即眼勤、嘴勤、手勤、腿勤、耳勤、心勤。

（5）针对有特殊需求的旅客，在不逾越民航工作规定的情况下尽量予以满足。

（6）服从乘务长及主管领导的工作安排。

（二）广播员

广播员主要负责对客舱进行欢迎词、安全设备、航线介绍、飞行过程、非正常情况下的广播等。其主要行为规范有：

（1）广播前，熟悉、落实广播稿件。

（2）广播时，语音标准、语速适中、语调亲切。

（三）安全员

安全员主要负责维护飞机和旅客的人身安全。其主要行为规范有：

（1）在旅客登机前和离机后，会同乘务员对客舱进行检查，防止无关人员、不明物品留在客舱内。

（2）旅客开始登机时，处于合适的位置密切注意旅客状况，注意机场工作人员情况，防止与本机无关人员混上飞机，并协助乘务员维护机上秩序。

（3）在飞行中，妥善处置发现的爆炸物、燃烧物和其他可疑物品；对扰乱机上秩序的行为，经机长同意，可采取必要的强制措施，并交地面工作人员处理。

三、地面服务各岗位服务人员行为礼仪规范

（一）票务员

在工作时票务员的主要行为规范有：

（1）在接受旅客的有效证件和订票单时应使用双手递送。

（2）若有看不清或不明白的地方，一定要婉转问询旅客，注意言语礼貌。

（3）将客票交与旅客时，还应请旅客看清客票上的有关内容，并说明机场名称、乘机日期、离站时间、何时办理登机手续等事宜。必要时，对重点内容进行标注。

（二）问询员

在工作时问询员的主要行为规范有：

（1）应站立服务，微笑问好，态度亲切。

（2）准确掌握航班信息，耐心、细致、礼貌地回答旅客的问询。

（3）对于电话问询，要求做到铃响三声之内接听，问好，并报出部门名称。

（4）了解航空公司和机场服务的有关内容，及时、准确地向旅客进行介绍。

（5）对于不正常航班的问询，一定要耐心地做好解释工作。

（6）回答旅客问题时表达应该简明、语气温和、语速适中，并且注意体态语言的使用。

（三）值机员

值机员主要为旅客办理乘机等相关手续。在工作时他们的主要行为规范有：

（1）为旅客办理票务时，必须询问旅客的航班号、目的地、是否托运行李、是否有特殊餐食要求等，注意态度和蔼、言语礼貌。

（2）接收、发放旅客票证时，一定要用双手，并且要向旅客说明航班号、目的地、托运行李件数、登机口、登机时间等。

（3）严格查验旅客机票，帮助旅客选择合适的座位。

（4）为旅客办理行李服务时应耐心、细致，不能有不耐烦的表情流露。

（5）对于旅客有关行李问题的问询，应耐心解释说明。

（四）安检员

在工作时安检员的主要行为规范有：

（1）耐心引导旅客逐个通过安检门。

（2）对通过安检门时报警的旅客，应引导其重复过门进行检查或手持金属探测仪或手工进行人身检查，不可面露不耐烦表情，还要注意言语的礼貌性。

（3）手动进行人身检查时，应注意由同性别安检人员进行。

（五）引导员

在工作时引导员的主要行为规范有：

（1）维持登机、到达旅客秩序时，应注意礼貌。

（2）引导旅客登机时，引导员走在第一名旅客前方约1米处，引导速度以大多数旅客能跟得上为宜。

（3）引导过程中应注意自己的体态。

思考与练习

1. 礼仪具有什么特征？你如何理解？

2. 礼仪具有什么作用？结合自身实际谈谈个人体会。

3. 某民航优秀乘务员小李在对客服务过程中不仅能够按照服务规范做好对客服务，还能从旅客角度出发，想旅客所想，想旅客所未想，受到旅客多次好评。小李在服务工作中体现了礼仪的什么原则？在学习和运用礼仪时，还要掌握哪些基本原则？

4. 民航服务企业作为服务行业当中一个具体的分支，其产品是什么？

5. 民航服务礼仪包含哪些内容？

6. 请你查找国内外2～3家航空公司对客服务成功或失败的案例，从而思考民航服务礼仪的必要性。

7. 如果你有机会乘坐飞机外出，请认真观察民航服务各岗位人员的行为规范，结合你所学习到的内容进行评价，并在学习小组内交流。

项目二 民航服务人员常用服务礼仪

礼仪警句

◆ 一个人的礼貌，就是一面照出他肖像的镜子。

——歌德

◆ 礼貌是最容易做到的事，也是最珍贵的东西。

——冈察尔

任务导入

超级格里庭

格里庭，40岁左右，品貌并非出众，但他曾经是美国身价最高的餐厅引位员，年薪约60万美元。是什么使其身价如此之高？其秘密在于他对客人的名字和相貌有着超强的记忆力，凡他所见过的人，如果知道其姓名，无论时间间隔多久，第二次见面时他肯定能准确叫出其姓名，因而使顾客感到特别亲切，惠顾次数自然增多。因此，各餐饮饭店老板争相聘用，使格里庭身价倍增。

正如美国交际语言大师戴尔·卡耐基所言："一个人的名字对他自己来说是最熟悉、最甜美的、最妙不可言的一种音乐。"所以记住并准确称呼对方的姓名，不仅是一种礼仪需要，还是一种交际、服务工作的需要。

任务一 民航服务人员的称呼礼仪

称呼是人们在日常交往应酬中彼此间的称谓语。选择正确、适当的称呼，既可以反映自身的教养、对对方的尊敬程度，也可以反映双方关系发展所达到的程度。在民航服务工作中，服务人员对旅客恰当的称呼，往往是与旅客建立良好关系的开始。

一、称呼礼的基本要求

称呼礼，要体现出在各种场合都尊重对方，不仅要庄重、正式、规范，还要符合习惯。如我国从 20 世纪 50 年代开始，在一般社交场合和工作场合，不分男女大都用"同志"这个称呼。随着历史的进程，现在社交、工作场合中，男士多称为"先生"，女子多称为"女士"；或用职业名称、职称、职务来称呼，如 × 医生、× 教授、× 校长。

二、称呼的种类及使用方法

常见的称呼的种类及使用方法见表 2-1。

表 2-1 常见的称呼的种类及使用方法

适 用 对 象	用　　　法
客人	1. 敬称，如您 2. 称先生、女士等 3. 以职务、职称相称 4. 以当地习惯性称呼相称
朋友、熟人	1. 敬称，如您 2. 直接称呼姓名，或称呼时在姓氏前面加"老"或"小" 3. 使用类似血缘关系的称呼要在前面加上姓氏，如张大爷、王阿姨

三、使用称呼礼的注意事项

（1）忌不使用任何称呼。只称对方"哎""喂""那边的"等类似的称呼，无论是对熟人还是对陌生人都是失礼的表现，是人际交往的大忌讳。

（2）忌错误的称呼。如误读，为了避免这种情况的发生，对于不认识的字，要事先有所准备；如果是临时遇到，就要谦虚请教，勿不懂装懂。

（3）忌使用不通行的称呼。有些称呼具有一定的地域性，如北方有些地区称陌生人为

"师傅"，而南方有些地区则称"老师"。

（4）忌使用不当的称呼。在正式场合，"哥们儿"一类的称呼虽然听起来亲切，但显得不够文雅。

（5）忌使用不雅的称呼。尤其是含有人身侮辱或歧视之意的称呼不宜使用，也不能随便拿别人的姓名乱开玩笑。

（6）同时会见多人时，称呼还应注意顺序，一般为先长后幼，先亲后疏，先女后男，先上级后下级。

（7）称呼对方一定要声音清楚。

（8）称呼外国宾客时还要考虑不同国家的称呼习惯。

 充电站

不同国家姓名排列顺序（表 2–2）

表 2–2　不同国家姓名排列顺序

国家	姓名排列顺序
中国	通常姓 + 名，如王（姓）丽（名）
俄罗斯	其姓名一般由三个字节组成，本人名字 + 父亲名字 + 家族姓，如列夫·尼古拉耶维奇·托尔斯泰
日本	姓 + 名，如小林宗作
英美	名 + 姓，如 George Bush（乔治·布什）

 牛刀小试

1．一对年近七旬的教授夫妇走进机舱，他们红光满面，精神矍铄，正要去外地度假。请以 3 人为一小组，轮流演示应当如何向教授夫妇打招呼。

提示：注意称呼；教授夫妇要去外地度假，应表达乘务人员的祝愿。

如果是新婚要去度蜜月的夫妇该如何称呼呢？如果是旅游团队登机该如何称呼呢？……比一比哪个组还能够设计出更多的场景以训练如何称呼。

2．王先生是一位繁忙的商务人士，经常往来于北京和上海之间，与机组乘务人员非常熟悉。这一天，已经是晚上 10:00 了，王先生一脸疲惫地登上了由北京飞往上海的航班。2 人一组演示，乘务人员应当如何与王先生打招呼。

提示：如何称呼熟识的旅客；王先生一脸疲惫，应在打招呼的同时，注意关心问候旅客。

任务二   民航服务人员的鞠躬礼仪

想一想

你认为下面哪种鞠躬姿势（图 2-1）是正确的？

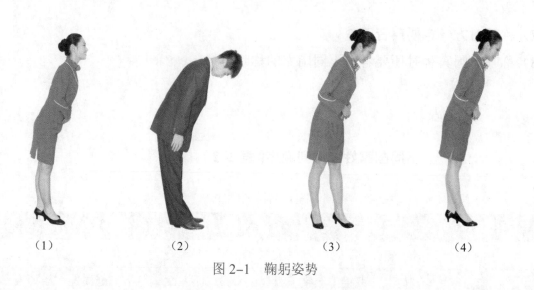

（1）   （2）   （3）   （4）

图 2-1   鞠躬姿势

鞠躬礼是人们在生活中向他人躬身，以示对别人恭敬或感谢的一种礼节，也称为躬身礼。既适用于庄严肃穆、喜庆欢乐的仪式，也适用于一般的社交和商务活动场合，如晚辈对长辈、学生对老师、下级对上级、表演者对观众。在民航服务工作中，从迎送服务到问询服务等都需要服务人员以规范的鞠躬礼来表达对广大客人的尊重、欢迎与热情。

鞠躬礼在亚洲一些国家较为盛行，如韩国、日本，日本尤其盛行鞠躬礼。

 充电站

鞠躬礼的由来

鞠躬礼起源于中国商代。商代有种祭天仪式——鞠祭，祭品为猪、牛、羊等，不切成块，而是将其整体弯卷成圆的鞠形，再摆到祭祀处奉祭，以此来表达祭祀者的恭敬与虔诚。这种习惯一直保持到现在。现在不少地方逢年过节，祭拜祖宗天地时，仍把整鸡整鸭卷成圆形，或把猪头猪尾放在一起，表示其头尾相接。

人们在现实生活中，逐渐援引这种形式来表达自己对地位崇高者或长辈的崇敬。于是，弯一弯腰，象征性地表示愿把自己作为鞠祭的一个牺牲品而奉献给对方，这就是"鞠躬礼"的由来。

一、鞠躬礼的基本规范

（一）三鞠躬

敬礼之前，应脱帽或摘下围巾，身体肃立，目光平视，身体上部向前，下弯约90°，然后恢复原样，如此连续三次。

（二）日常社交中的鞠躬礼

日常社交中的鞠躬从15°到90°不等，几乎适用于一切社交和商务活动场合，在初见的朋友之间，在宾主之间，下级对上级、晚辈对长辈，为了表达对对方的尊重，都可以行鞠躬礼。民航服务人员通常在迎送旅客、接受问询时使用。

1.鞠躬礼的要领（图2-2）

（1）鞠躬前以基本服务站姿为基础，面对、目视受礼者，距离约二到三步远，面带微笑，神态自然。

（2）男士双手自然下垂，贴放于身体两侧裤线处；女士双手下垂搭放在腹前。

（3）鞠躬时要挺胸、抬头、收腹，自腰以上前倾弯腰，头颈背成一条直线。下弯幅度可根据施礼对象和场合决定。

(1)　　　　　　　　　(2)　　　　　　　(3)

图2-2　鞠躬礼要领

（4）上身下弯时，首先看对方的眼睛，其次看自己脚前约1米处或对方胸部以下部位（视线落点据鞠躬度数而定），抬起上身后再次注视对方的眼睛。

（5）鞠躬时上身抬起的速度要比下弯时稍慢一些。

2.鞠躬的程度及应用

鞠躬程度视受礼对象和场合而定，通常按照上身倾斜角度不同可以将鞠躬分为以下三种：

一度鞠躬：上身倾斜角度约为15°，表示致意，用于一般的问候。民航服务人员通常在接待旅客问询时使用。

二度鞠躬：上身倾斜角度约为45°，表示诚挚敬意，常用于重要活动、重要场合中的问候礼节。民航服务人员通常在迎送旅客时使用。

三度鞠躬：上身倾斜角度约为90°，表示向对方深度敬礼或道歉，常用于中国传统的婚礼、追悼会等正式仪式。三度鞠躬在民航服务工作中较少使用。

三种行礼方式适用于不同的情况，在日常民航工作中服务人员应据情况灵活把握。

 充电站

日本人的鞠躬礼

中国人自我介绍的时候，通常是彼此先问好，然后说我叫"某某"，互相握手。

日本人第一次见面，做自我介绍时，要说"はじめまして"（初次见面），然后互相鞠躬。日本人通常不喜欢彼此握手。

日本人的鞠躬礼分为如下三种：

（1）礼节性最高的90°的鞠躬，表示特别的感谢，特别的道歉。

（2）45°鞠躬，一般用于初次见面，也应用于饭店或商场等服务员对顾客的欢迎。

（3）30°鞠躬，一般用于打招呼的时候，如早上遇到同事的时候，也可以用于关系比较亲密的朋友之间。

另外，日本人不但说话的时候用鞠躬来表示一种礼貌，即使在接电话的时候，也是一边鞠躬一边接听、应答。

二、民航服务人员行鞠躬礼的注意事项

（1）施鞠躬礼前，应先将帽子、围巾摘下再施礼。

（2）行礼时要面带微笑，目光不得斜视和环顾，不得嘻嘻哈哈，口里不得叼烟卷或吃东西。

（3）注意头和颈部的姿态，应以腰部为轴，整个腰及肩部向前倾15°～90°，视线随着鞠躬自然下垂，行完礼后起身还原。

（4）动作不能过快，要稳重、端庄，并带有对对方的崇敬感情。

（5）通常行鞠躬礼时应避免边行礼边说话，可先行礼后说话，亦可先说话后行礼。

 牛刀小试

1. 一位背包旅客行色匆匆地来到机场旅客大厅，他先来到咨询处，询问航班变动事宜，问询员应如何向该旅客行鞠躬礼？

2．登机时间已到，随着人流，他登上了乘坐的航班，客舱乘务员应如何向他行鞠躬礼？

3．飞机飞行过程中，该旅客因需服药向乘务员小唯要杯水，而小唯却因工作疏忽以致延误。

请问：小唯对该旅客致歉时又该如何行鞠躬礼？

4．目的地到达了，乘务人员欢送旅客，此时又该如何向旅客行鞠躬礼？

请以5～6人为一小组，分别轮流扮演旅客和民航各岗位服务人员进行练习，并针对每位同学在模拟训练中的表现进行点评。

提示：应根据场景选择不同程度的鞠躬礼仪；注意目光、表情、言语、动作的协调运用。

请同学们根据民航服务流程，动脑筋再设计其他工作情景，进行鞠躬礼的模拟练习，并进行展示、评价或讨论。

任务三　民航服务人员的介绍礼仪

介绍是人们在社交活动中与人相识的重要方式。其作用：一是帮助人们互相认识，扩大社交范围，促进彼此了解，便于今后交往；二是可以通过介绍消除不必要的误会。民航服务人员面对来自不同国家、地区的客人、朋友，更应该掌握正确的介绍方法以促进今后的交际往来，以便服务工作的顺利开展。

一、介绍的类型

（1）按照社交场合来分，有正式介绍和非正式介绍。

正式介绍是指在较为正规的场合进行的介绍。

非正式介绍是指在一般非正规场合中进行的介绍。非正式介绍可不必过于拘泥礼节。

（2）按照介绍者在介绍中所处的位置不同来分，有自我介绍、他人介绍和为他人做介绍。

（3）按照被介绍者的人数来分，有集体介绍和个别介绍。

（4）按照被介绍者的身份、地位来分，有重点介绍和一般介绍。

二、介绍的方法

在社交场合中使用较多的介绍方法有两种：为他人做介绍和自我介绍。

（一）为他人做介绍

为他人做介绍，通常是介绍不相识的两人相互认识，或者把一个人引见给其他人。介绍时要注意以下礼节：

1．掌握顺序

即尊者有优先了解权。国际惯例是：

（1）把男士介绍给女士；

（2）把晚辈介绍给长辈；

（3）把职位低者介绍给职位高者；

（4）把客人介绍给主人；

（5）把晚到者介绍给早到者；

（6）把未婚者介绍给已婚者。

2．讲究礼仪

（1）征求意见。在为双方做介绍之前应先了解双方的意愿，以免引起双方不便。

（2）注意姿势。为他人做介绍时，站立姿势要端正，手势动作要文雅，无论介绍哪一方，都要五指并拢，掌心向上，指向被介绍一方。同时注意目光的运用（图2-3）。切记不要单指指人。

图2-3　为他人做介绍礼仪

（二）自我介绍

自我介绍，是指把自己介绍给其他人。自我介绍时，应注意：

1．讲究态度

自我介绍时态度一定要自然、亲切、镇定自信、落落大方、彬彬有礼。语气要自然，语速要正常，语音要清晰。在自我介绍时镇定自若，潇洒大方，能够给人以好感；相反，如果你流露出畏怯和紧张、结结巴巴、目光不定、面红耳赤、手忙脚乱，则会为他人所轻视。

2．介绍内容有针对性

自我介绍要根据不同场合、对象和实际需要有目的、有选择性地进行，不能千人一面。

（1）一般性的应酬，自我介绍要简单明了，通常介绍姓名就可以。

（2）工作性的自我介绍还要介绍工作单位和从事的工作。

（3）社交性的自我介绍则还可进一步介绍兴趣、爱好、专长、籍贯、母校、经历及与交往对象某些熟人的关系等，以便进一步交流和沟通。

（4）应聘时的自我介绍宜根据所应聘岗位，介绍自己的专长和以往经历，以便更好地展示、推销自己。

3．介绍内容要实事求是

自我介绍要真实诚恳、实事求是，不可自吹自擂、夸大其词，不可谎报职务，也不要自我贬低、过分谦虚。恰如其分地介绍自己，才会给人留下诚恳、值得信赖的印象。

4．把握恰当时机

自我介绍要寻找适当的机会，当对方正与他人亲切交谈时，不宜走上前去进行自我介绍，因为打断别人的谈话是不礼貌的行为。

5．注意时间

自我介绍通常要言简意赅，以半分钟左右为佳，不宜超过一分钟。但若有时间要求，则应该把握好时间。为了加深印象，作自我介绍时，还可利用名片等资料加以辅助。

6．注意方法

进行自我介绍时，应先向对方点头致意，得到回应后再向对方介绍自己。如果有介绍人在场，自我介绍则被视为不礼貌的。

 牛刀小试

1．某飞行小组新调来两位乘务人员：客舱服务员小菲和安全员小新。

（1）请你安排一个合适的时间，让小菲和小新面向整个乘务组做自我介绍，以方便工作的开展。

（2）请你作为中间人，帮助小菲和小新做介绍。3人为一小组，轮流演示如何帮他人做介绍并加以点评。

（3）请你作为中间人，将小菲和小新介绍给乘务长小李。4人为一小组，轮流演示并加以点评。

提示：点评时，注意三种场景介绍的方法和顺序；还要注意语言的组织、动作、表情、目光的配合。

2．请你将经常往来于北京和上海之间的常客王先生介绍给新来的乘务长小李。

提示：首先要注意如何称呼常客；其次要考虑介绍时的顺序；最后要注意恰当的措辞，以及动作、表情、目光的配合。

任务四 民航服务人员的握手礼仪

握手礼流行于许多国家，指交往双方以握手的形式相互致意，是人际交往活动中用于见面、离别、祝贺或致谢时的常用礼节。它是社交活动中一个公开而又神秘的使者，人们说握手可以传情，一个小小的握手动作可以传达欢迎、友好、祝贺、感谢、敬重、惜别等感情。

还有人说握手可以洞察对方的心理，通过握手动作的主动与被动、力量的大小、时间的长短、身体的俯仰、面部的表情及视线的方向等细节，表现握手人对对方的不同礼遇和态度。因而握手是大有讲究的。

 充电站

握手礼的由来

关于握手礼的由来说法不一，最常见的有以下两种说法。

说法一：骑士们的握手礼

战争期间，骑士们都穿盔甲，随时准备冲向敌人。如果表示友好，互相走近时就脱去右手的甲胄，伸出右手，表示没有武器，互相握手言好。后来，这种友好的表示方式流传到民间，就成了握手礼。

说法二：原始社会摸手礼

早在远古时代，人们以狩猎为生，如果遇到素不相识的人，为了表示友好，就赶紧扔掉手里的打猎工具，并且摊开手掌示意手里没有藏东西。后来，这个动作被武士们学到了，互相摸一下对方的手掌表示友谊。随着时代的变迁，这个动作就逐渐演变成了现在的握手礼。

一、握手礼的方式及含义

握手的方式有多种，了解一些握手的典型样式，既有助于我们通过握手了解交往对方的性格、待人接物的基本态度等，也有助于我们在人际交往中根据不同的场合、不同的对象恰当地应用。

1. 平等式

上身稍向前倾，距对方约1米；伸出右手，手掌与地面垂直、略向前下方伸直；拇指与手掌分开，其余四指自然并拢并微向内曲；用手掌和五指握对方手掌部位；两手相握时用力适度，上下稍许晃动2～3秒钟，随后松开，恢复原状（图2-4）。

这是意义较单纯的、礼节性地表示友好的标准握手方式。

2. 控制式

也称支配式。握手时掌心向下或向左下。

以这种姿势握手的人通常想表达自己的优势地位，或显示自己高人一等，或暗示想取得主动地位。

图2-4　平等式握手礼

3．谦恭式

也称乞讨式。与控制式相对，握手时掌心向上或左上。

以此方式握手的人往往处于受支配或劣势的地位。

4．拉臂式

该握手方式是将对方的手拉到自己身边相握，且相握时间较长。

这往往是下属与领导握手时采用的方式。采用该方式的人往往过分谦恭。

5．抠手心式

两手相握之后，不是很快松开，而是两手慢慢滑离。抠手心式握手一般用于好友间。

6．手套式

双手紧握住对方的右手，并且上下摇动，时间稍长。

这往往表示热情欢迎、感激或有求于人。通常下级对上级、晚辈对长辈采用这种方式，表示谦恭备至。但初次见面一般不可采用。

7．政客式

在用右手紧握对方右手的同时，再用左手加握对方的手背、前臂、上臂或肩部。

这表达热情真挚、诚实可靠的情感，显示自己对对方的信赖和友谊。从手背开始，对对方的加握部位越高，其热情友好程度显得也就越高。据说，在历届美国总统竞选时，几乎所有的竞选人都要以这种方式上对亿万富翁，下至西部牛仔。

8．捏手指式

也称抓指尖式。握手时不是两手虎口相触地握手，而是在握手时只捏住对方的手指部。

女性与男性握手时，有的人为了表示自己的矜持，会采用这种方式，其中也隐含着一种保持距离的意思。如果是同性别的人之间这样握手，则显得冷淡、生疏、缺乏诚意。

据说英国女王与人握手时，为了不让他人完全握住她的手，她总是不把手完全伸出来，并且将拇指明显曲向下方。有不少显贵人物与人见面时，也总是伸出两三个手指一握了之，以显示自己地位的"尊贵"。

　充电站

正确的握手方法

（1）一定要使用右手握手，不论是个人习惯，还是一直使用左手，握手时务必使用右手。

（2）握手时间以1～3秒为宜，过紧的握手或漫不经心地轻触对方手都是不礼貌的。

（3）被介绍后不要立即主动伸手，要视场合、身份按顺序伸手。

（4）握手时应面带微笑注视对方，微笑示意。

（5）如果戴着手套，握手前应摘下手套。

二、握手礼的使用时机

握手是人们日常交际的基本礼仪，在必须握手的场合不伸手或拒绝或忽视了别人伸过来的手，就意味着失礼。通常应该握手的场合至少有以下几种：

（1）在被介绍与人相识时；

（2）与友人久别重逢时；

（3）社交场合突遇亲朋故旧时；

（4）在以本人作为东道主的社交场合，客人到来与送别客人时；

（5）拜托别人时；

（6）与客户交易成功时；

（7）别人为自己提供帮助时；

（8）劝慰别人时；

（9）表示感谢、恭喜、祝贺时；

（10）对别人表示理解、支持、肯定时；

（11）向别人赠送礼品或颁发奖品时；

（12）在比较正式的场合与认识的人道别时。

握手礼是社交活动中运用最广泛的礼节之一，但民航服务人员在工作中，一般不要主动与客人握手。若客人主动要求握手，服务人员应根据相应的礼仪要求迅速回应。

三、握手礼的注意事项

在人际交往中，握手虽然司空见惯，但是由于它被用来传递多种信息，因此在行握手礼时应符合规范，注意不要违反以下禁忌。

（1）忌不讲顺序，抢先出手。行握手礼时最为重要的礼仪问题，是握手的双方应当由谁先伸手。倘若在与他人握手时，轻率地抢先伸出手去而得不到对方的回应，那种场景会令人非常尴尬。

 充电站

握手礼的顺序

根据礼仪规范，握手时双方伸手的先后次序，一般应当遵守"尊者先伸手"的原则，应由尊者首先伸出手来，位卑者只能在此后予以响应，而绝不可贸然抢先伸手，不然就是违反礼仪的举动。在商务、政务场合，握手时伸手的先后次序主要取决于职位、身份；而在社交、休闲场合，它主要取决于年龄、性别、婚否。

其基本规则为：

男女之间握手，女士先伸手；宾客之间握手，主人先伸手；

长幼之间握手，长辈先伸手；上下级之间握手，上级先伸手；

若一个人需要与多个人握手，握手时应讲究先后顺序，先尊而卑。

（2）忌面无表情或目光游移。握手时应双目安然注视对方，并示以微笑。

想一想

可以戴手套握手的例外情况有哪些？

（3）忌左手相握，有悖习俗。握手一定要求用右手，在阿拉伯国家及少数西方国家，认为左手是"不洁之手"，用左手握手是对对方的一种侮辱。

（4）忌不脱手套握手。握手前应摘掉手套，否则有自视高傲之感。

（5）忌掌心向下，目中无人。

（6）忌用力不当，敷衍鲁莽。

（7）忌握时过长，让人无所适从。握手时间通常以2～3秒钟为宜。男士与女士握手时尤其要注意。

（8）忌滥用"手套式"握手，令人尴尬。

（9）忌"死鱼"式、"虎钳"式握手。"死鱼"式握手，或显轻慢冷漠，或给人以毫无生命力、任人摆布的感觉。而"虎钳"式握手用力过大，给人以粗鲁的感觉。所以握手时一定要注意力度的把握，不宜用力过小或过大。

（10）忌只握指尖，拒人千里。正确的做法是要握住整个手掌。但异性间握手时，男士可只握女士手指部位。

（11）忌手脏、手疾握手或拒握，应有解释。若有手疾或手部汗湿、弄脏，不宜与对方握手，通常要和对方说一下："对不起，我的手现在不方便。"以免造成不必要的误会。

（12）忌交叉握手，易犯禁忌。特别要记住，与基督教信徒交往时，要避免两人握手时与另外两人相握的手形成交叉状，这种形状类似十字架，在基督教信徒眼中是很不吉利的。

（13）忌把对方手拉来推去，或抖个没完，或以另一手拍打对方身体各部位。

（14）忌坐着握手，有失礼节。

（15）忌握手时另一只手插衣袋。

（16）忌戴着墨镜与他人握手，眼疾或眼部有缺陷者例外。

牛刀小试

　　1．刚上岗的乘务员小唯带着满腔的热情开始了一天的工作。在某一航班的迎客服务中，她突然发现自己特别仰慕的一位知名学者正向她走来，于是就情不自禁地与学者伸手相握。请问：

　　（1）小唯这种做法对吗？为什么？

　　（2）若在日常生活中，年长者与年幼者又该如何握手？

　　2．乘务组新来的乘务员小菲和安全员小新在经同事介绍认识后，又该如何握手？请男女同学一组，进行演示训练。

　　3．小菲和小新被介绍给乘务长小李后，他们该如何与乘务长握手？请3人为一小组，进行演示训练。

　　4．经常往来于北京和上海之间的常客王先生与新来的乘务长小李相识后，他们又该如何握手？

　　提示：要求练习时注意顺序、力度、时间、表情、姿态、语言的组织。

任务五　民航服务人员的递接物品礼仪

　　递接物品是我们日常生活、接待服务中最常见的一个动作。特别在民航服务中，大到行李物品，小到证件、护照、一杯饮料，都涉及递接物品的礼仪。尽管动作看似简单，却能够体现个人的修养、航空企业的管理水平。

一、行李物品递接礼仪

　　（1）在旅客办理行李托运手续时，服务人员应对搬运有困难的旅客予以帮助。提拿时，要轻拿轻放。

　　（2）对于登机携带行李的旅客，机舱乘务人员应热情相迎，微笑问候，帮助老年旅客、有困难的旅客提携行李，双手迎接。当旅客坚持亲自提携物品时，应尊重客人意愿，不要强行接取。

登机、行李放置

　　（3）在往行李舱搁放行李时，乘务员要轻拿轻放，切忌随意丢放。

　　（4）行李舱搁放旅客行李时，码放要整齐，箱子的正面要朝上，把手朝外，便于旅客拿取。

二、食品类物品递送礼仪

（一）客舱服务中饮品递送礼仪

（1）乘务员在为旅客递送饮品时，应手拿杯子、饮料瓶的下半部（图2-5），既方便旅客拿取，又手法卫生。

（2）乘务员为旅客拿杯子的手法：无名指和小拇指托住杯底，其余三个手指拿住杯身。

（3）乘务员为旅客服务饮品时，饮料倒至杯子七成满，飞行颠簸时倒至六成满，为儿童倒至杯子五成满，并在递送时注意提醒。

（4）客舱服务递送饮品的顺序是：从前至后、先里后外、先左后右（先舱位的ABC、后DEF）、先女后男，左边的旅客用右手送，右边的旅客用左手送。

图2-5 饮品递送礼仪

（5）对有个别饮品需求的旅客，递送时应使用托盘。托盘内物品摆放整齐，高物在里，低物在外，商标朝向旅客。

（6）客舱服务中，乘务员为旅客递送零食或餐饭时，应使用双手，并伴随"请""请用"等礼貌用语。送小吃、纸巾时，应将物品放在筐内或小托盘内。包装上的商标朝向旅客。双手端托，拇指卡边，拇指不能进筐内或小托盘内。

（二）其他服务场所饮品递送礼仪

（1）递送茶杯时，应左手托底，右手持杯壁中下部位或杯柄，并将杯柄调至旅客右手边，伴随礼貌用语。

（2）递送带有包装的饮料时，应左手托底，右手持拿中下部位，商标朝向旅客，伴随礼貌用语。

（3）在餐厅服务中，服务人员为旅客递送饮品时应使用托盘。

（4）服务人员为旅客递送热的、易洒的食物、饮料时应提醒旅客，以使旅客有心理准备。

三、其他物品递接礼仪

（1）服务人员在为旅客递送报纸、杂志、证件、表格、宣传材料等纸质物品时，通常要用双手，身体前倾，表情自然，目光注视旅客，并说"请"等礼貌用语；接收时同样要使用双手、点头致意或致谢；文字正面、顺字朝向对方（图2-6）。

图2-6 其他物品递送礼仪

发饮料、
特殊情
况处理

（2）服务人员在递送此类物品时的拿法：四个手指并排拖底，大拇指卡住边缘。

（3）服务人员在递送物品时，应以一定角度对着旅客，以方便旅客拿取。

（4）服务人员为旅客递送笔、刀、剪之类尖利的物品时，需将尖端朝向自己握在手中，不要指向对方。若旅客要签字，应把笔套打开，笔尖对着自己递送。

（5）如果在特定场合下或东西太小不必用双手时，一般用右手递接物品。

 充电站

名片递接礼仪

随着经济发展，信息的发达，名片在现代社会人际交往中已经成为一个人的化身，是名片主人"自我的延伸"，是现代社交活动的重要沟通联系工具。民航服务人员了解、掌握递接名片礼仪，对服务工作的开展，特别是日常的人际交往有着重要的作用。

（一）递送名片的礼仪

（1）应事先把名片备好，放在显眼、易取拿的地方。

（2）当双方互递名片时，应依照如下次序：客先主后；地位低者或年轻的一方要先递名片给对方。

（3）同时向多人递名片时，可按由尊而卑或者由近而远的顺序，依次递送。切勿跳跃式地进行，以免使对方有厚此薄彼之感。如果是圆桌，应按顺时针的顺序，特别忌讳向一个人重复递送名片。

（4）向对方递送名片时，要用双手的大拇指和食指拿住名片上端两角，名片的正面、顺字朝向对方，以便对方阅读（图2-7）。

（5）在递交名片时，应态度恭敬，眼睛注视对方，面带微笑，并用诚挚的语调说道："这是我的名片，请多多指教！""这是我的名片，请多联系"，或"这是我的名片，请以后多关照"。

（6）初次相识，双方经介绍后，如果有名片则可取出送给对方。如果是事先约定好的面谈，或事先双方都有所了解，不一定忙着递名片，可在交际结束、临别之时取出名片递给对方，以加深印象，表示愿意保持联络的诚意。

（7）名片不宜折叠，应保持干净整洁。不要递送修改过的、不清洁的名片。

图2-7　递送名片

（8）参加会议时，应该在会前或会后交换名片，不要在会中擅自与别人交换名片。

（二）接收名片的礼仪

（1）应起身或欠身接过名片，面带微笑，目光友好地注视对方，恭敬地用双手的拇指和食指接住名片的下方两角，并轻声说"谢谢""能得到您的名片十分荣幸"等。如对方是地位较高或有一定知名度的人士，则可道一句"久仰大名"之类的赞美之辞，以示对他的尊重。

（2）接过名片后应认真阅读，阅读时可将对方的姓名、职衔轻声念出，并抬头看看对方的脸，使对方产生一种受重视的满足感。看不明白的地方，应诚心请教。不要看也不看一眼就收起。

（3）要将对方的名片郑重收藏于自己的名片夹或上衣口袋里，或者办公室显著的位置。切忌随手放在一边，也不要将其他东西压在名片上，或拿在手里随便摆弄，这都是对对方的一种不恭。

（4）妥善收好名片后，回敬一张本人的名片。如身上未带名片，应向对方表示歉意。如实说明原因，如"很抱歉，我没有名片""对不起，今天我带的名片用完了"。如果接受了对方的名片，不递上自己的名片，也不解释一下原因，是非常失礼的。

（5）如果接下来与对方谈话，应将名片放在桌上，不要在它上面压上别的东西，这对对方是非常不尊重的表现。

（6）如果告别时接收名片，切不可随意摆弄或扔在桌子上，也不要随便地塞在口袋里或丢在包里。应放在西服左胸的内袋或名片夹里，以示尊重。

（7）一般不要伸手向别人索取名片，必须索取名片时应以请求的口气，如"您方便的话，请给我一张名片，以便日后联系"，或者说："如果没有什么不方便的话，能否给我留张名片？"

（三）名片礼仪注意事项

（1）名片不要写上两个以上的头衔。特别在涉外礼仪交往中，倘若一个名片上给的头衔过多，有三心二意、用心不专、蒙人之嫌。若地位、身份较多，可多备几种名片，据不同的交往对象，使用不同的名片，强调自己不同的身份。

（2）索取名片需注意技巧。名片交换也有讲究，地位低的人应首先把名片递给地位高的人，并且尽量不索取名片。索要名片也最好不要采取直白的表达，如你有名片吗？

（3）名片要定期整理。可以用名片夹和电脑整理名片。做法提示：首先将名片分类，可以按工作关系、单位性质、工作性质、重要程度、利益关系等符合自己使用习惯和工作理念的标准分类，在同一类中，按照姓氏笔画、字母顺序、重要程度、利益关系大小等标准排序编号。

（4）名片要定期更新，保持名片的时效性。

（5）名片属于个人隐私，不可随意将他人名片给别人。

牛刀小试

　　经常往来于北京和上海之间的常客王先生又踏上了返程的旅途。这一次，疲惫的王先生携带着大大小小好几个包裹，正在他为难之时，"先生，有没有易碎、怕压的物品？"机场服务人员面带笑容推车而至。"没有。"王先生赶忙回答道。

　　服务人员将王先生送到办理登机手续处，地勤人员认真细致地为其办理好登机及行李托运手续后，双手恭敬地将王先生的登机牌及证件递还，并说："王先生，祝您旅途愉快！"面对民航服务人员的优质服务，王先生顿时忘却了旅途的劳顿之苦。

　　检票时，值机员小刘银铃般的声音在耳边响起："王先生，要回家了！旅途愉快！"机舱乘务员小菲及时、热情地双手送来了王先生常看的《经济时报》、王先生爱喝的咖啡……员工们的种种表现，令王先生早早感受到了家的温暖，家人般的接待！

　　请找一找，在王先生的返程过程中，哪些岗位民航服务人员的表现值得你学习？以小组为单位，分别练一练在机场服务大厅、客舱等岗位上，为旅客规范递送物品、证件、杂志、饮料等服务。

　　提示：要求练习时注意手法、语言、表情、姿态的协调运用；注意根据不同场合、岗位，恰当运用语言。

任务六　民航服务人员的电话礼仪

　　在通信科技如此发达的今天，电话作为人们相互沟通信息、联络感情、处理各种事物的基本工具的作用越来越被人们重视。人们通过一段简短的通话，可以听出企业的形象，听出一个人的素养。宾客可以通过寥寥几语的电话，听出你的微笑、听出你的真诚与热情。对于这种"只闻其声，不见其人"的人际沟通交流方式，民航服务人员更需要注意加强礼节礼貌修养。

一、接听电话礼仪要求

1．调整心态，及时接听

　　电话铃响应及时接听，办公电话通常不超过三声。超过三声后就应道歉："对不起，让您久等了。"如果受话人不能及时接听，代接的人应代为解释。

　　当您拿起电话听筒的时候，一定要面带笑容。不要以为笑容只能表现在脸上，它也会藏

在声音里。

2．自报家门

拿起听筒后应先说"您好！"，再报出单位名称和部门或个人，以使对方清楚是否打对了电话。

3．确认对方

对方打来电话，一般会自己主动介绍或说明事由。如果对方没有介绍或者你没有听清楚，就应该主动问："请问您是哪位？我能为您做什么？"避免拿起电话听筒直接盘问："喂！哪位？"这在对方听来，既陌生、疏远，又缺少人情味。

4．仔细倾听

（1）接听电话时，应注意使嘴和话筒保持 4 厘米左右的距离；要把耳朵贴近话筒，仔细倾听对方的讲话。

（2）接听电话时，应中断其他交谈和事宜，切忌边说边笑、叼着香烟、嚼着东西接听。

（3）交谈过程中声音不宜过大或过小，要吐字清晰。

（4）在接听中应经常说一些"是""好的"之类的话语，以使对方感到你在认真地倾听，不要轻易打断对方的话题。

5．做好记录

接听公务电话时，应该一手持电话听筒，另一手持笔记录。一般情况下你要记清楚：who(谁来的电话)、whom(打电话找谁)、what(来电的内容)、why(来电的原因)、where(来电提到的地点)、when（来电中提到的时间）、how（如何处理）。

对于旅客的预订信息，记录完毕后，要求复述核对，并且不要忘记落实。

6．转接电话

如果电话是找其他人的，若对方找的人在旁边，你应说："请稍等。"然后用手掩住话筒，轻声招呼受话人接电话。如果对方找的人不在，你应该告诉对方，并且询问是否需要留言，记下对方的姓名、电话或需要转达的事宜。

7．礼貌挂断电话

通话结束，应等对方放下电话后，再轻轻把话筒放好。不可"啪"的一下扔回原处，这样极不礼貌。

二、拨打电话礼仪要求

1．时间的选择

通常应根据受话人的工作时间、生活习惯选择拨打电话的时间，紧急事情除外。

（1）拨打电话一般白天宜在早 8 点以后（节假日应在 9 点以后），晚间在 10 点以前，以免影响他人休息。

（2）不宜在中午休息或一日三餐的常规时间打电话，以免影响别人休息或用餐。

（3）给单位拨打电话时应避开刚上班或快下班的时间。

（4）打公务电话，不宜占用他人的私人时间，尤其是节假日时间。

（5）打电话前要搞清地区时差、各国工作时间和生活习惯差异。不要在休息日打电话谈生意，以免影响他人休息。即使客户已将家中的电话号码告诉你，也尽量不要在休息日往家中打电话。

（6）非公务电话应避免在对方的通话高峰和业务繁忙的时间段内拨打。

2．拟好要点，再打电话

在拨打电话前要事先想好，拨打电话的目的是什么？通话时怎样开头？通话中要怎样说？遭到拒绝怎么办？对方不在怎么办？一次电话该打多久……在打电话之前应先列提纲，如怕遗漏，可拟出通话要点，理顺说话的顺序，备齐与通话内容有关的文件和资料。忌结结巴巴，这样既有损个人形象，也不礼貌。

打电话之前，还要核对所打的电话号码，以免打错，同时要调整好自己的情绪。

3．语言要礼貌、规范

电话接通以后，应先说"您好"，再询问对方单位或部门或个人，得到答复后再进行更进一步的交流。

4．考虑对方处境

如电话交谈的内容较多，应询问对方是否方便。若对方时间不便，则应以商量的口吻和对方另约时间。

5．姿态端正，注意举止、表情

拨打电话时应注意姿态端正，面带微笑，嘴和话筒保持 4 厘米左右的距离。不能把话筒夹在脖下或趴在桌子上，也不要趴着、仰着、坐在桌角上，更不要把双腿高架在桌子上。不要以笔代手去拨号。

6．掌握通话时间

打电话前拟好要点，再拨打电话，既可以使自己表达流畅、应对自如，也可以节约通话时间，不要"煲电话粥"，通常一次通话不应长于 3 分钟，即所谓的"3 分钟原则"。

7．拨错电话应致歉

拨错电话时应向对方致歉，勿直接挂断电话，没有任何解释。

8．请人转告时注意礼貌

受话人不在，请人转告时留言要简明，讲清楚自己的姓名、联系电话或再次联系的时间。

9．礼貌挂断电话

通常打电话的一方应先结束话题。结束时要说一些"打扰您了""拜托您了""麻烦您

了""谢谢""再见"等礼貌用语终止通话，轻放好话筒。不要用力一摔，这样会引起对方不快，同时也是失礼的表现。

三、移动电话使用注意事项

在移动电话越来越普及的今天，我们使用移动电话时，首先要遵守公德，其次要注意使用安全。作为民航服务人员，我们在劝阻旅客的同时，更应该在日常严格遵守。

（1）不要在飞行途中使用移动电话，以免干扰飞行的电子设备。

（2）在自己开车时或对方开车时不要接打电话，若有电话可找适当地方停靠接听。

（3）不宜在油库使用移动电话，以免引发爆炸。

（4）在参加会议、宴会，观看电影、演出，参观各类展览，在图书馆阅览时，应自觉地关闭移动电话，或者将铃声改为"振动"或"静声"。

（5）在乘坐公共交通工具或乘坐电梯时，也应尽可能地不接听电话，即便要接听，也要压低音量，切勿声音过大，影响他人。

（6）当不使用移动电话时，请锁住移动电话按钮，以防意外拨打诸如119、110、120等特殊的电话号码。

（7）不要在别人能注视到你的时候查看短信。一边和别人说话，一边查看手机短信，是对别人的不尊重。

四、计算机使用礼仪

计算机是我们现在工作的重要工具。使用计算机，并非开机、关机、上网那么简单，计算机使用礼仪也会体现一个人的素质和教养。特别是现在很多旅客出行都会使用航空信息查询系统或机票预订系统，作为民航服务人员，及时地回复，恰当地措辞，也在展示个人与企业形象。

（1）办公计算机，要倍加爱护，平时要擦拭干净，注意方法得当，不要损害屏幕。

（2）不用时正常关机，不要丢下就走；外接插件时，要正常退出，避免导致数据丢失、计算机崩溃等故障。

（3）切忌公私不分，将计算机中的个人信息和公司资料混为一谈，更忌讳企业信息外漏。

（4）在公司里上网时，要查找与工作相关的内容和资料，而不是仅察看自己感兴趣的内容，否则，既违反公司章程，又会导致业务落伍。

（5）对于旅客的航空信息查询或机票预订或工作上的电子邮件，工作人员一定要及时回复，并且要注意言语措辞。

牛刀小试

1．新上岗的机场大厅问询员小唯正在聚精会神地查找资料，身旁的电话铃声响起。过了一会儿，小唯才接起了电话。"您好！机场大厅咨询处！"小唯微笑说道。"有没有工作效率！知不知道我很急！耽误了我坐飞机算你的？……"小唯一蒙，感到自己很委屈。请你就刚才的情况帮小唯分析一下：她的问题出在哪里？请分角色练习电话接听应答礼仪。

2．票务员小王接到某旅行社为一个15人的贵宾团预订11月3日上午9:00飞往北京的订票电话。请2人为一小组，练习电话的接听礼仪。

提示：服务人员需注意说话的语气、表情、音调；业务电话应注意接听的时机，业务要点要进行重复。

思考与练习

1．称呼礼在使用中应该注意什么问题？

2．介绍有哪几种形式？在具体做自我介绍时应注意什么问题？

3．为他人做介绍时，如何确定介绍的先后顺序？

4．某洽谈会上，小唯（女）想请你帮她介绍客户小南（男），请问你该怎样进行？

5．握手礼在使用时有哪些禁忌？

6．案例分析：在某城市召开的民航工作交流会上，A公司的赵总看到了久闻大名的B公司的刘董事长。晚餐会上，赵总主动上前做自我介绍，并递给了对方一张名片。刘董事长接过名片，马马虎虎地用眼睛瞄了一下，放在了桌子上，然后继续用餐。

运用所学礼仪知识分析回答他们的做法是否正确，为什么？

7．接、打电话时应注意哪些礼仪？

项目三　民航服务人员的仪态礼仪

✈ 礼仪警句

◆ 相貌的美高于色泽的美，而秀雅合适的动作美又高于相貌的美，这是美的精华。

——培根

◆ 微笑是仁爱的象征，快乐的源泉，亲近别人的媒介，有了微笑，人类的感情就沟通了。

——雪莱

任务导入

梅花香自苦寒来

　　参加颁奖仪式的礼仪志愿者小郝说："让我印象最深的是礼仪培训中练习站姿、行走、步速、转身和微笑。老师为了让我们在颁奖时身姿更挺拔、步态更到位、转身更整齐、笑容更自然，每个动作我们都要分解练习成百上千次。拿站姿来说，它可并不像我们想象中的那么简单，每名礼仪志愿者必须穿鞋跟为 5 厘米的高跟鞋，头上顶一本书，两腿膝盖间夹着一张普通的白纸。一站就是一个小时，不论是书还是纸都不可以掉下来，否则就得重做。等到休息时，两条腿连打弯都特别疼。"

　　"志愿者的笑容是举办地最好的名片，所以笑容非常重要。"小郝说，"颁奖仪式上需要的笑与我们平时的笑有着天壤之别，嘴张大了不行，张小了也不可以，甚至露出的牙齿数都严格规定在 6～8 颗。老师要求我们每个人在练习笑容时，嘴里都要咬着一根筷子找感觉。这样一笑就得几十分钟，笑得连脸部肌肉都麻了。"长时间练下来，姑娘们的牙被筷子硌得酸疼不说，嘴角还时常被磨伤。小郝说："在练习行走、步速、转身等分解练习时也是一样，我们每个人的脚都磨出了大大小小无数的水泡，水泡被磨破之后又磨出新的水泡，如此周而复始……我们的动作终于整齐划一了。"

同学们，对客户服务工作的特性要求我们必须具备良好的仪态，对照运动会礼仪志愿者的训练标准，你达到了吗？

任务一　民航服务人员的基本仪态要求

民航服务人员的仪态主要是指在工作中端庄的坐姿、典雅的站姿、稳健的走姿、美观的蹲姿和恰当的手势、真诚的微笑、亲切的眼神及恰到好处的搀扶。作为民航服务人员，优雅得体的仪态是经过长期不断地学习，提高自身文化修养和严格、规范的训练形成的。"端庄大方"和"内慧外秀"不仅是民航服务人员的专业化形象，也是民航企业形象和民航服务人员个人综合素质的全面反映。

一、仪态的概念

仪态是指一个人举止的姿态与风度。姿态是一个人身体显现出来的样子，如就座、站立、行走、眼神、手势、面部表情。风度则是一个人内在气质的外在表现，它包括道德品质、学识修养、社会阅历、专业素质、爱好专长等，主要通过人的言谈举止、动作表情、服饰装扮等方面体现出来。仪态可以鉴别一个人的高雅或粗俗、严谨或轻浮。作为民航服务人员，注重仪态美是民航企业树立良好公众形象的基础和前提，是尊重宾客的需要，是服务人员增强自信心的有效手段。因此，民航服务人员无论在任何岗位，都应具备优美的仪态和高雅的气质。

二、民航服务人员的基本仪态要求

（一）站姿

站姿是民航服务人员最基本的举止，是客舱乘务员的基本功之一。规范、典雅的站姿是其他身体姿态的基础和起点，运用自如、分寸得当的站姿能衬托出民航服务人员良好的气质和风度。站姿的基本要求是身体挺拔、姿态优雅，即"站如松"，像松树一样挺拔。

1. 标准式站姿的基本要领

头正、颈直，双目平视，嘴唇微闭，呼吸自然，下颌微收；双肩放松，稍向后下沉，两臂自然下垂，中指贴拢裤缝；躯干挺直，挺胸，腹部微内收，立腰，提臀；双膝紧靠，脚跟并拢，两脚尖分开45°～60°的夹角，身体重心在两脚之间（图3-1）。

2. 民航服务人员常用的站姿

（1）前腹式站姿。脚跟合拢，脚尖分开约成60°，呈"V"字形；双膝靠紧，两腿直立，身体重心在两脚之间；提髋立腰，收腹紧臀，挺胸抬头，双肩平正，下颌微收，双目平视，两手在小腹前交叉握。一般右手搭握左手，此种站姿适合女性服务人员（图3-2）。

（1）　　　　　　　　　　　　　（2）

图3-1　标准式站姿

（2）丁字式站姿。两脚尖展开，右脚在前，将右脚跟靠于左脚内侧脚弓处，两脚呈接近垂直状；双膝靠紧，两腿直立，身体重心在两脚之间；提髋立腰，收腹紧臀，挺胸抬头，下颌微收，双目平视，两手在小腹前交叉握。一般女性服务人员都采用此种站姿（图3-3）。

图3-2　前腹式站姿　　　　　　　　图3-3　丁字式站姿

（3）侧立式站姿。两脚开立比肩略窄，双腿直立，提髋立腰；收腹紧臀，挺胸抬头，下颌微收，双目平视，两臂自然下垂于身体两侧或双手搭握于体前。一般右手在上搭握左手，此站姿较适合男性服务人员（图3-4）。

（1）　　　　　　　　　　　　　（2）

图3-4　侧立式站姿

（4）后背式站姿。两脚开立比肩略窄，双腿直立，提髋立腰，收腹紧臀，挺胸抬头，下颌微收，双目平视，两手搭于体后腰间。一般左手搭在右手上，此站姿多为男性服务人员采用（图3-5）。

3．不良站姿及注意事项

（1）站立时，双手不可交叉在腰间或抱于胸前。

（2）站立时，身体不能东倒西歪、依靠墙或其他物体。

（3）站立时，双手不能插在口袋中或做小动作。

（4）站立时，两眼不能左顾右盼、弓腰驼背。

图3-5 后背式站姿

为缓解疲劳，在实际工作中可以采用几种站立姿势交换使用，但在服务过程中禁止使用过多的小动作和不规范的站立姿势。

 充电站

挺拔站姿训练法

1．靠墙站立：保持头、躯干、腿在一条垂直线上，每次3～5分钟。

2．分腿站立：两脚开立与肩同宽，双手叉腰，收腹、紧臀、立腰，每次3～5分钟。

3．头顶书、双膝夹纸或两人背靠背站立，保持腰身挺拔、身体直立。

（二）坐姿

坐姿是一种静态造型，正确的坐姿给人安详、稳重、自然大方的印象和美感。民航服务人员端庄的坐姿是展现自己良好修养和丰富内涵的重要形式，坐姿的基本要求是姿态文雅、动作优美、神情自若，即"坐如钟"，就是指规范的坐姿如铜钟一样沉稳。

1．标准式坐姿的基本要领

入座轻稳，坐满椅子的2/3，上体正直，身体重心垂直向下；腰部挺起，脊柱向上，头正肩平；双腿弯曲，小腿垂直于地面，双膝并拢，两脚靠拢，双手搭握掌心向下放于腹部（图3-6）。

2．女性民航服务人员常用的坐姿

（1）前伸式坐姿。在标准式坐姿的基础上，两小腿向前伸出约45°，全脚着地，双膝并拢（图3-7）。

（2）前交叉式坐姿。在标准式坐姿的基础上，右脚置于左脚上，在两踝关节处交叉，双膝并拢（图3-8）。

（3）曲直式坐姿。在标准式坐姿的基础上，右腿前伸，左小腿收回，全脚掌着地，两脚前后在一条直线上，大腿靠紧，双膝合拢（图3-9）。

（4）后点式坐姿。在标准式坐姿的基础上，两小腿后屈收回，大、小腿成45°～60°，脚尖着地，双膝合拢（图3-10）。

（5）侧点式坐姿。在标准式坐姿的基础上，两小腿向左斜出 45°，左脚跟靠于右脚内侧中间，左脚内侧着地，右脚外侧着地，大、小腿充分伸直约成 90°（图 3-11）。

图 3-6　标准式坐姿　　图 3-7　前伸式坐姿　　图 3-8　前交叉式坐姿

图 3-9　曲直式坐姿　　图 3-10　后点式坐姿　　图 3-11　侧点式坐姿

3. 男性民航服务人员常用的坐姿

（1）标准式坐姿。上体正直，身体重心垂直向下；腰部挺起，脊柱向上，头正肩平，双腿弯曲，小腿垂直于地面，双膝并拢，两脚尖分开 45°，双手分别放在两膝上（图 3-12）。

（2）并式坐姿。在标准式坐姿的基础上，立腰挺胸，全脚着地，双膝、双脚并拢，小腿略向前伸（图 3-13）。

图 3-12　标准式坐姿　　图 3-13　并式坐姿

（3）前交叉式坐姿。在标准式坐姿的基础上，两小腿前伸，左脚置于右脚之上，双脚在踝关节处交叉，双膝并拢（图3-14）。

（4）曲直式坐姿。在标准式坐姿的基础上，左腿前伸，右小腿后屈收回，全脚掌着地，两脚前后在一条直线上（图3-15）。

4．不良坐姿及注意事项

（1）不可前俯后仰、东倒西歪。

（2）不可摇腿、抖腿、跷脚、双膝分开或跷二郎腿。

（3）不可过于放松、瘫坐在椅内。

图3-14   前交叉式坐姿   图3-15   曲直式坐姿

  充电站

端庄坐姿训练法

1．对镜练习标准式坐姿、曲直式坐姿、后点式坐姿、侧点式坐姿。

2．腰背肌力量的辅助练习

（1）前腰练习，4×8两组。

（2）旁腰练习，4×8两组。

（3）俯撑后仰练习，4×8两组。

（三）走姿

走姿是站姿的延续，是动态的体型美、流动的造型美，民航服务人员的风姿和挺拔的身材只有在走动中才尽显其美。走姿的基本要求是步态轻松、体态优雅、重心平稳、步伐矫健，即"走如风"，就是要求走姿轻盈、像风儿吹过一样。

1．标准式走姿的基本要领

头正、颈直，肩部展开，挺胸收腹、立腰；手臂以肩关节为轴前后自然摆动约30°，身体重心稍前倾；由脚跟过渡到全脚掌着地，膝关节和踝关节有弹性，步幅适中，步频平稳（图3-16）。

2．民航服务人员常用的步态

（1）前行步。身体保持直立挺拔，行进中与旅客问候时，上体和头部应随之左、右转动，并微笑点头致意（图3-17）。

图3-16　标准式走姿　　　　　　　图3-17　前行步

（2）后退步。与旅客告别时，应先后退两三步再转身离去，后退时脚轻擦地面，步幅要小，转体时先转身再转头（图3-18）。

（1）　　　　　　　　　（2）　　　　　　　　　（3）

图3-18　后退步

（3）侧身步。当走在前面引导旅客时，应走在旅客的左前方，髋部朝着前行的方向，上体稍向右转侧身，左肩稍前，右肩稍后，侧身面向旅客，与之保持两三步的距离。如在客舱较窄的通道内与旅客相遇时，也可采用侧身步。侧身时两肩应一前一后面向旅客，而不是背对旅客（图3-19）。

3．客舱内的走姿

在标准站姿基础上迈步前行，收腹立腰，紧臀提气，目视前方，行走时两脚落地尽量保持脚跟与脚尖在同一直线上，即走"柳叶步"。双臂自然摆动，步幅要小、落地宜轻。女性乘务员在巡视客舱时，双手可自然相握（右手搭握左手），抬至腰间（图3-20）。遇到旅客时应主动侧身让旅客先行通过或慢步随后，如有急事需超越旅客时，应使用"对不起""请让一让""谢谢"等礼貌用语向旅客示意后方可超越。

乘务员坐姿和客舱巡视走姿

图 3-19　侧身步

图 3-20　客舱内走姿

4. 不良走姿及注意事项

（1）行走时身体重心过于前倾或后仰。

（2）行走时走"内八字"或"外八字"步。

（3）行走时摇头晃脑、左顾右盼，或双手插在口袋中。

（4）行走时三五成群，影响妨碍他人。

　充电站

优雅走姿训练法

（1）提踵站立：最大限度地立起脚尖，膝关节伸直，30 次 / 组。

（2）双手叉腰走姿练习。

（3）平衡感训练：双手叉腰做头顶书走姿练习。

（4）一字形走姿练习。

（四）蹲姿

蹲是由站姿转变为双腿弯曲和身体重心下降的姿势，它是在特殊情况下所采取的一种暂时性的体态，在工作中，服务人员经常会有弯腰拾物的动作，因此蹲姿应美观、大方、规范。

1. 民航服务人员常用的蹲姿

（1）交叉式蹲姿。基本特征是下蹲时双腿交叉在一起。左脚在前、右脚在后，左小腿支撑，左脚全脚着地，右腿在后与左腿交叉重叠，右膝由后面伸向左侧，右脚掌着地，脚跟抬起，两腿前后靠紧，臀部向下，上身稍向前倾，背部尽量保持自然挺直（图 3-21）。

（2）高低式蹲姿。基本特征是下蹲时双膝一高一低。服务人员根据物品在身体两侧的位置选择体位，如果物品在身体的右侧，下蹲时，右脚在前、左脚稍后，两腿靠紧，右脚全脚着地，小腿垂直于地面，左脚脚掌着地，脚跟提起，右膝高于左膝，臀部向下。若物品在身体的左侧，则反之（图 3-22）。

图 3-21　交叉式蹲姿　　　　　　图 3-22　高低式蹲姿

2．客舱内的蹲姿

客舱内，乘务员常常采用高低式蹲姿，拣左侧物品时左膝高、右膝低，拣右侧物品时右膝高、左膝低，女性客舱乘务员应注意双腿并拢，轻蹲轻起。

3．注意事项

（1）民航服务人员下蹲时应与他人保持一定的距离；

（2）女性民航服务人员下蹲时应两腿紧靠，不可弯腰低头翘臀；

（3）切忌面对他人下蹲、背对他人下蹲或双腿平行叉开下蹲的姿态。

客舱内蹲
姿和服务
手势

 充电站

得体蹲姿训练法

（1）踝关节、膝关节力量训练：提踵 2 分钟、压腿左右腿各 4 分钟、踢腿左右腿各 20 次 ×2 组。

（2）并脚立、开立下蹲训练。

（3）标准交叉式、高低式蹲姿训练。

 牛刀小试

某日，中国东方航空公司 MU×××× 次航班将于 16:05 起飞飞往北京。乘务长小晨、乘务员小璐、安全员小源正在迎接旅客登机，飞机起飞后乘务员小璐在客舱内巡视旅客是否系好了安全带，这时她发现地面上靠近一名女旅客的座椅旁有一条漂亮的丝巾……请以 4 人为一小组，轮流扮演不同的角色进行体态训练。

提示：

1．在客舱门口，迎接旅客登机时，男、女乘务员应选择哪种站姿？

2．在客舱内巡视时应采用哪一种步态？乘务员小璐在为旅客拣起丝巾时应采用哪一种蹲姿更合适？

3．如果在乘务员或安全员休息时，面对旅客应选用哪一种坐姿？如果巡视时和旅客相遇应采用哪一种步态？

请开动脑筋比一比，哪一组还能设计出更多的场景来进行体态训练。

任务二　民航服务人员的体态语言

体态语言是以人的各种表情、动作、静态等表示特定含义的一种无声语言，它是从完全有意识到下意识的除语言之外的情感传递，是人际交往活动中辅助语言传情达意的重要方式之一。体态语言具有形象性，它以生动直观的形象告诉人们要表达的意思，体态语言还具有约定性，即被赋予了他人所能理解的意义。它使表达更充分、更富有感情色彩、更具有感染力。

一、手势

手势是民航服务工作中不可或缺的体态语言之一，是最富有表现力的一种体态语言。手势美是一种动态美，它除了表达一定的思想内容外，还能表现出一个人的高雅气质和风度。在工作中适当地运用正确的手势表达感情，能给人含蓄、彬彬有礼的感觉，并能产生意想不到的效果。手势的基本要求是自然大方、规范适度。使用手势应欲扬先抑、欲左先右、欲上先下，曲线柔和、速度适宜。

1．规范手势的要领

五指伸直并拢，掌心向斜上方，腕关节伸直，掌心与小臂形成直线。做动作时，以肘关节为轴，大小臂形成的夹角以 140°左右为宜，动作应柔美流畅、稳妥自然，并配以眼神和表情。

2．民航服务人员在工作中常用的手势

（1）横摆式。右手五指伸直并拢，从腹前抬起，至隔膜处，以肘关节为轴轻缓地向右横摆到身体的右侧前方，左手下垂或背于身后，目视旅客，面带微笑，并将身体转向旅客。此种手势适用于迎接旅客时（图 3-23）。

（2）直臂式。右手五指伸直并拢。右臂屈肘从腹前抬起接近肩部时，用前臂指示要行进的方向，同时身体侧向旅客，眼睛兼顾所指方向和旅客（图 3-24）。

（3）曲臂式。右手五指伸直并拢，从身体的右侧前方由下向上抬起至大臂离开身体 45°，以肘关节为轴，手臂由体侧向体前摆动至手与身体相距 20 厘米。面向右侧，目视来宾。当服务员一手拿物品或扶着门框、表示"请"时一般采用此种手势（图 3-25）。

（4）斜式。右手屈臂由体前抬起。以肘关节为轴，小臂由上向下摆动，使手臂向下成一斜线，微笑点头，示意来宾。请旅客入座时多采用此种手势（图 3-26）。

3．不规范手势及注意事项

（1）应根据工作场合的不同控制好手势力度的大小、速度的快慢及时间的长短。

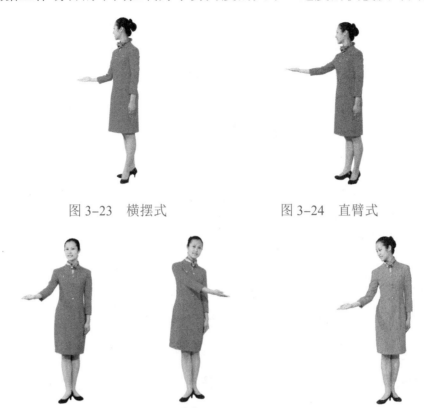

图 3-23　横摆式　　　　　图 3-24　直臂式

（1）　　　　　（2）

图 3-25　曲臂式　　　　图 3-26　斜式

（2）与人交流时手势不宜太多、动作不宜太大。

（3）不可用手指指点方向或他人。

 充电站

手　势

　　手势可以反映出一个人的修养和性格，手势的幅度、次数、力度应大小适度。手势的上界一般不应超过对方的视线，下界不低于自己的胸区，左右摆的范围不要太宽，在人的胸前或右方进行为宜，且手势动作幅度不宜过大，次数不宜过多，不宜重复。

二、眼神

　　眼睛被称为心灵的窗户，印度诗人泰戈尔说过："一旦学会了眼睛的语言，表情的变化将是无穷无尽的。"这说明了眼睛的表现力是极强的，眼睛可以反映出一个人的生活经历、性格特点和心理状态。在与旅客的交流中眼神的交流是最重要的，服务人员不仅要用眼神表达自己的意愿和情感，还要观察旅客的眼神，从而为

迎客服务站姿、表情和眼神

之提供恰当的服务。因此在民航服务工作中合理、适当地运用眼神来帮助表达情感，能促进与旅客之间进行最佳的交流与沟通。眼神的基本要求是亲切、友善、坦然有神。

1. 眼神注视的部位

（1）当问候旅客、表达诚意、向人祝贺和与人道别时，应注视旅客的双眼。

（2）当与旅客交谈时，应注视着旅客的双眼和嘴之间的部位，目光不要聚集一处，以散点柔视为宜，给人一种平等而轻松的感觉，营造出一种良好的气氛。

（3）当距离旅客较远时，可以注视旅客的全身。

（4）递送物品时应注视旅客的手部。

2. 眼神训练的要点

（1）要友善、温暖地注视对方。

（2）目光集中，没有焦点，具有穿透性（图3-27）。

3. 服务时的眼神

（1）处于坐姿时，看到旅客应起身相迎并平视对方（图3-27）。

（2）与旅客交流时可看着对方的下巴，表示礼貌；仰视旅客，可以体现对旅客的重视和信任（图3-28）。

图3-27　标准眼神

（1）　　　　　　（2）

图3-28　与旅客交流的眼神

4. 忌用的眼神

（1）冷漠、傲慢、轻视、左顾右盼、东张西望。

（2）上下、左右反复打量他人。

（3）躲躲闪闪、不敢正视或长时间注视他人。

 充电站

眼球灵活性练习法

（1）每天早、晚可练习眼球顺、逆时针旋转各50次。

（2）对着镜子，尝试用眼睛表达不同的情感。

（3）定眼练习法，双眼正视前方目标上的标记，目光集中注视一定时间后闭眼休息，再睁开眼，盯住目标反复练习。

4．转眼练习法，眼珠在眼眶里上、下、左、右来回转动，包括定向转、慢转、快转、左转、右转等。

三、微笑

案例 --

用微笑化解矛盾

航班上，一位旅客表情严肃地在看报纸，乘务员小刘送饮品到他面前时，有礼貌地说："先生，您喝点什么？"该旅客没有回答，小刘以为旅客没有听到，于是又问道："先生，您需要什么饮品？"此次，小刘加大了声音。该旅客突然说："喊什么呀？没有看到我在看报纸吗？你们乘务员怎么都是这样的素质！"小刘觉得相当尴尬，不知道这位旅客为何会有这种态度。为了不激化矛盾，小刘在为其他旅客服务完毕后，专门来到这位旅客面前致歉，看到小刘友善的态度和甜美的微笑，这位旅客说出了心里话："这件事本来与你无关，我刚才登机的时候，看到门口的乘务员面无表情、无精打采地站在那里，我很不高兴，所以刚才对你态度不好，这是我的不对，请谅解！"事情澄清了，小刘又耐心地解释并告诉旅客，一定会把他的意见反馈给乘务长，并再次向这位旅客道歉。一番交谈后，旅客郁闷的心情终于得到了缓解，脸上也露出了笑容。

所以，微笑不仅代表着一个人的服务水平，甚至能影响旅客的情绪。

微笑是眼、眉、嘴和颜面的动作集合，是面部表情的总体表现，是内心情感的外在表现，它最能表现出人的真情实意。微笑不仅在外观上给人美的感受，而且能够带给人们愉快的信息和友善的情感，使人产生良好的心境。微笑是乐观向上、充满信心、对自己的魅力和能力积极肯定的体现。微笑也是民航服务人员最基本的礼仪要求和基本职业素养，在工作中应处处体现微笑服务，做到"笑迎宾客"。微笑的基本要求是热情、友好、富有亲和力。

1．微笑的标准

（1）嘴唇。上下唇应以脸部中间线为基准对称。

（2）牙齿。大部分上牙齿外露，以露出 6～8 颗为宜，下牙齿最好隐藏在唇内。

（3）牙龈。尽量少露，如果露出，应在 2 毫米以内。

2．微笑的要领

放松面部肌肉，嘴角微微向上翘起，将唇的两侧略上提，使嘴唇呈弧形，两眼略微睁大，眉头自然舒展，眉毛微向上扬起，轻轻一笑（图 3-29）。

图 3-29　标准微笑

3．微笑的时机

从距离旅客 3 米远处开始微笑并保持 10 秒左右，笑肌打开，以露出 8 颗牙齿为宜，同时眼睛也要有笑意，在为旅客服务过程中微笑应时常伴随。

4．微笑的注意事项

（1）微笑是面部各部位的综合运动，口、眼、鼻、眉等器官应相互结合。

（2）不应缺乏诚意，要做到表里如一、发自内心。

（3）不要刚露出笑容就随即收起。

 充电站

自然微笑训练法

（1）端坐镜前，以轻松愉快的心情，静心 3 秒钟，双唇打开，嘴角微微上翘，面部肌肉舒展开来；同时注意配合眼神，达到眉目舒展的微笑，可播放背景音乐。

（2）含箸法，选用一根洁净、光滑的圆柱形筷子（不宜用一次性的简易木筷，以防划破嘴唇），横放在嘴中，用牙轻轻咬住（含住），观察微笑状态。

四、搀扶

民航服务人员在实际工作中，会遇到不同年龄、不同状况或身体行动不便的旅客，在征得旅客允许的情况下，服务人员应及时、到位地进行搀扶，避免旅客发生意外。

1．搀扶的对象

一般情况下，需要搀扶的人往往是行动不太方便的老人、身体不适的病人。

2．搀扶的要领

（1）站在旅客的右侧，用右手轻轻托住旅客的右手或右臂，左手扶在旅客的左侧腋下或腰部，慢步前行。

（2）若旅客表示能够自己行动，则服务人员仅需根据行进路面的情况，用靠近旅客身体一侧的手臂轻轻扶助旅客的小臂即可。

3．民航服务人员在工作中的搀扶

（1）上楼梯或扶梯时应搀扶着让旅客先上一步，自己再随后跟上，以免旅客后跌。

（2）下楼梯或扶梯时应搀扶着旅客，自己侧身先下一步，再让旅客慢行下楼，以免旅客身体前倾。

（3）拐弯时应搀扶在旅客的外侧，方便旅客，尽量让旅客少走路。

（4）如果旅客不需要搀扶，服务人员可以跟随其身后观察情况，以免旅客突然出现意外。

4．搀扶的注意事项

（1）搀扶前应征求乘客的意见。

（2）搀扶的动作宜轻，搀扶的部位应准确。

（3）搀扶时可以与旅客进行交流，以缓解乘客紧张、焦虑、烦躁的心情。

 牛刀小试

某日，中国厦门航空公司 MF×××× 次航班将于 11:20 起飞，由厦门飞往青岛，乘务长小晨和乘务员小璐、小静正在机舱门口迎接旅客登机。旅客主要有商务旅客、旅行社旅客和从台湾返回大陆探亲的旅客等，其中有几位已是年过七旬、行动有些蹒跚的老人了……

请以五六个人为一小组，轮流扮演不同的角色进行手势、微笑、眼神、搀扶等体态语言的训练，并加以点评。

提示：

1．在客舱门口，乘务员迎接旅客时的表情、眼神应如何把握？应采用哪一种手势？乘务员对步履蹒跚的老人应如何搀扶？

2．如果为旅客引领，应运用哪一种手势？请旅客入座呢？如果老人不需要乘务员的搀扶又该如何做呢？……

请认真思考，比一比哪一组还能设计出更多的场景来进行仪态语言训练。

思考与练习

1．什么是仪态？仪态包括哪些内容？

2．根据民航服务人员的职业特点，简述坐姿、站姿、走姿、蹲姿的基本要求。

3．民航服务人员运用手势、表情、眼神应注意哪些问题？

4．怎样练习好微笑？你能找到训练微笑的有效方法吗？

5．实践训练：

（1）为提高学生的文明自律意识，培养学生良好的行为素养，推进文明校园建设，学校将于下周一升旗仪式进行"文明修身"的启动仪式，活动还将邀请教育局的有关领导出席，需要有 4 位学生担当礼仪引导的服务。请以 4 人为一小组，根据启动仪式的具体要求设计出训练场景。

提示：应选择运用正确的站位姿势和角度，恰当的微笑、表情和眼神，准确的引领手势和优雅的步态等。

　　（2）请组织班级值周活动，要求每天早上，全体师生入校时，按照仪态礼仪的要求，对师生进行站位、迎宾、问好。

　　提示：应选择运用正确的站位姿势和角度，恰当的微笑、表情和眼神；结合一般行为礼仪，对全体师生进行迎宾问候。

项目四　民航服务人员的言谈礼仪

■ 学习目标

1．了解和积累言谈礼仪知识。

2．理解和把握交谈的要求及原则，明确其在实际工作中的作用。

3．掌握民航服务中的礼貌语和禁忌语，能够针对不同对象，结合不同场合、不同情况熟练运用服务用语。

4．了解民航服务中播音的基本内容、要求及作用，根据不同的工作要求，熟练应用播音用语。

礼仪警句

◆ 美德是精神上的一种宝藏，但是使它生出光彩的则是良好的礼仪。

——约翰·洛克

◆ 礼貌使有礼貌的人喜悦，也使那些受人以礼貌相待的人们喜悦。

——孟德斯鸠

任务导入

陈亚萍的故事

　　陈亚萍是中国东航武汉公司的"先进个人"。一天在办理青岛—大连航线的乘机手续时发生了这样一件事：登机的时间到了，但她突然接到通知，飞行因故延误，不能准点起飞。她明白，这种消息是旅客最不愿意听到的，"不管发生什么事情，先通知旅客，尽量去解释，安抚旅客。"她已经做好了心理准备。这时值机柜台已经挤满了迟迟未能登机的旅客，当听说航班延误的消息后，抱怨和责骂声开始爆发了。

　　"请大家听我解释，请大家不要激动，不能准时登机是因为飞机出现故障，我们会及时联系，为大家争取时间，现在我们安排大家去休息，大家有什么要求，可以提出来，我们尽量给大家解决。"陈亚萍耐心地给吵嚷不止的旅客们解释……"你们什么意思？我买了机票就是要准点登机的，你们总是欺骗旅客，做什么解释，我哪儿也不去，现在就要上飞机。"

一名男旅客大声地训斥起来。看到这种情形，陈亚萍快步走过去，对他说："先生，您别着急，航班虽然延误了，但我们的服务不会停止，请您相信我们，理解我们，可以吗？"她诚恳地微笑着，耐心地劝说着，说过这些话以后，旅客们似乎平静了许多。最后，旅客们随着工作人员的安排休息下来，等候再次登机的时刻……

　　语言是一门艺术，而且是一门古老的艺术。它是建立良好人际关系的重要途径，是连接人与人之间思想感情的桥梁，是增进友谊、加强团结的一种动力。亲切、优美、周到的语言服务，不但能够帮助客人顺利完成旅途，也体现了航空公司的服务与形象。

任务一　民航服务用语的基本要求

　　民航服务语言，是指在民航服务过程中，服务人员借助一定的词汇、语调表达思想、感情、意愿，与旅客进行交往的一种比较广泛的，并能反映一定文明程度而又比较灵活的口头语言。民航服务语言是典型的职业用语，它的语言主体由职业词汇构成，一般情况下包括机舱内服务用语和日常交际用语，主要目的是介绍飞机结构、航空概况、航空地理、旅游景点，进行空中服务和处理各种问题等。

　　民航服务语言是旅客对民航服务质量评价的重要依据之一。在服务过程中，语言适当、得体、清晰、纯正、悦耳，就会使旅客有柔和、愉快、亲切之感，对服务工作产生良好的反应；反之，服务语言"不中听"、生硬、唐突、刺耳，旅客会难以接受。强烈的语言刺激，甚至会引起旅客的投诉，从而严重影响航空公司的信誉。

一、民航服务中语言表达的基本要求

　　民航服务人员在语言表达时，必须符合民航服务业的具体要求和特定的规则。

　　1. 说话时要使用尊称，说话方式委婉、热情，注意与举止表情相配合

　　民航服务人员对旅客讲话不应太生硬直接，要显示出应有的友好与热情；应当用"您""请"等礼貌敬语。如"您请坐""请您稍等一下""您还需要点什么"。如果无法满足旅客的某些要求，应当用"对不起"等话语表示歉意。

　　与旅客讲话时，服务人员还要与相应的举止表情相配合。因为仅仅靠语言无法充分展现乘务员的良好修养，也难以达到礼貌服务的标准。

　　人们如果只谈话而无表情或动作时，会呈现出一种命令式的语气，令听话者很不愉快。民航服务人员在为旅客服务时，应尽量让自己说话时配以适当的表情和动作，并保持一致性。如乘务员说"您好！请坐"时，配以微笑和得体的手势，既体现了周到的服务，又使旅

客感到备受尊敬。

2．服务语言要简练、流畅，语意要表达清楚、完整

因为民航服务工作的特点和时间的限制，服务用语要简练、清楚、通俗。民航服务人员与旅客说话时，需简单明了，不啰唆冗长，不模棱两可，使人能一听就懂。语言表达要符合规范，语义表达要准确，在询问和应答时都要做到话语通顺、流畅。

3．谈吐要文雅，语调要亲切、平稳

民航服务人员与旅客交谈时，应彬彬有礼，温文尔雅，不粗俗。话语应富有感情，语调平和、甜润，音量适中，语速不快不慢，平和中正，要使人感到热情。

 充电站

有效锻炼口才的小妙招（一）——"敢于说"

"敢于说"就是能在公众面前勇敢、大方地说话。这是练好口才的前提。有人在公众面前不敢说，主要原因有二：一是对自己说话的能力认识不足；二是怕说错了被人嘲笑。这两个原因属于心理素质的问题，要想练好口才，必须练就良好的心理素质。要正确认识自己，别人能说，我也能说，别人会说，只要努力锻炼自己也能学会说，而且一定会比别人说得更好。开始锻炼口才，就不要怕说错，只有经过一次次的"错"，才能把话说得更好。故练好口才，必须经过这一过程，必须克服"怕"的心理，要有信心，大胆地在公共场合说话。

二、民航服务中语言表达的基本技巧

为了给旅客提供更好的服务，民航服务人员必须努力学习掌握民航服务语言的运用技巧，不断提高自己的语言表达和使用能力。

（一）迎候旅客时的语言技巧

1．问候要积极主动热情

古人说"感人心者，莫先乎情"，这种"情"是民航服务人员的真情实感，只有付出自己的真情，才能换来对方的感情共鸣。在民航服务中，迎客是最基本、最重要的环节，旅客对于服务质量的判断主要来自对服务者的第一印象，一句简单的问候就可能在稍后的服务中起到良好的作用。问候不见得非长篇大论才行，简单的致意或三言两语就好。有时由于前面的旅客安放行李以致过道拥挤，机舱门口就会有长时间站立等待的旅客，这时就需要一些寒暄来化解："今天的阳光真好，听说气温正在缓慢回升。"如果看到旅客拿着证券类的报纸，也可以随口问"最近股市怎么样呀"之类的话。有时也可以主动向旅客通报一下目的地的气温，这也是他们比较关心的。对于一些很熟的旅客，在简单的问候之后要加上"很高兴又见到您了"这样的寒暄。

民航服务人员问候旅客，一定要面带微笑或表情自然放松，切忌毫无表情或应付式地问候，否则还不如仅向旅客微笑一下。

2．问候要声音清晰、洪亮且柔和

民航服务人员问候旅客时，要声音洪亮，确保旅客能够听得见。特别是在午后、傍晚等旅客容易疲倦的时刻，大声地问候会使旅客感到振奋，也会给旅客留下鲜明突出的印象，有利于服务气氛的营造。

民航服务人员问候旅客时，要语言清晰。无论是中文问候还是外文问候，力求发音准确，吐字清晰，确保旅客能够听得清，不要含混不清、羞羞答答，也不要语速太快，更不要应付了事，否则，就达不到问候的目的了。

民航服务人员问候旅客时，还要语气柔和，确保旅客听得舒服。语气生硬，便失去了热情、友好、和善的感觉，不仅使问候成了多余，甚至起到相反的效果。

为了做到这些要求，民航服务人员可在平常多鼓励自己主动问候他人，培养职业能力，同时观察别人的反应，调整自己的问候能力。

3．问候时要辅以正确的姿势

问候时要注视旅客的眼睛。如果问候时注视旅客眼睛以上部位，则显得傲慢；注视旅客眼睛以下部位，则显得过于羞涩，很不得体；如果视线在旅客脸部左右摇摆，则显得很没礼貌。正确的姿势是微笑着注视旅客的眼睛，坦诚、自信、明快地与旅客打招呼，欢迎旅客的到来。民航服务人员问候旅客时可以不握手，而将双手自然交叉于身前，问候旅客时的最佳姿势是一度鞠躬。

（二）服务中语言交流要有针对性，视旅客情况区别对待

民航服务人员要善于察言观色，有很强的倾听能力，能迅速判断旅客的情况、心理和服务需要，尽量站在旅客的立场说话办事，力求听懂旅客的话外之音或欲言又止之处。

旅客来自五湖四海，从外表看，有性别、年龄、民族、国籍、健康或生病、残疾等的不同；从身份看，有贵宾、官员、企业家、文艺人士、军人、宗教人士等的不同；从目的看，有公务、旅游、求学、探亲等的不同，所以绝不可以使用千篇一律的语言。例如，对行李过多的旅客，可以用"欢迎您，我来帮您吧"的问候；对匆匆赶来的旅客，可以说"您好，请不要着急，飞机还要等一会儿才起飞"；对生病的旅客则可以说"不要担心，我们会尽力照顾您的"；对长辈，可以问候"伯伯（母）好！""阿姨好！"这些问候都是比较得体的。相反，如果对一名悲伤的人说"您好，祝您旅途愉快！"对一名外籍旅客说"您吃了吗"等，则会引起不必要的误会，因而是不合适的表达。

 读一读

旅客为何迟迟不下机

　　航班经停长沙时，一对夫妇带着两个小孩，因为孩子睡着了，夫妻俩忙着照顾而迟迟下不了飞机。当时客舱乘务员小王心里很着急，眼看航班就要延误了，于是她上前对旅客说："请你们尽快下飞机。"这时，旅客脸上流露出不满的神情，匆匆下了飞机。小王此时意识到自己语气不好，但弥补已来不及了，事后小王为此心里难受了好长一段时间。

　　分析：多站在旅客的角度上去想想，体会他们的爱子之心，就不会这样说话。希望他们抓紧时间下飞机，为什么不去帮一把呢？比如收拾东西、提拿行李等，一定是截然不同的效果。

　　处理类似的问题应注意以下几点：主动上前，询问旅客需要帮忙做什么，如提行李、收拾东西等；理解旅客到达后没有不想早点下飞机的，如果耽误了，一定有什么原因，客舱乘务员应主动帮他们解决面临的困难，尽可能提供及时的服务，而不是指责旅客。

（三）用委婉的语气表达否定的意思

　　在民航服务中，回答旅客提出的问题或向旅客进行说服工作，如解释民航规章制度、纠正旅客不文明行为，都需要沟通。回答旅客的提问不要以貌取人，而要用委婉的语气和有涵养的语言回答旅客，避免因直言快语引起失敬或失和。解释民航规章的出发点是为旅客服务，而不是用民航规章来约束旅客。因此，反驳的话不要说得太直接，出言要智、礼貌周全，要使旅客礼中知理、心悦诚服。

　　在这方面，大韩航空公司的乘务员用她们礼貌大方而不失温文尔雅的谈吐举止向全世界展示了韩国女性的美丽。每一次与旅客对话时总是先鞠一躬，弯腰显示出对旅客的尊重；永远笑容满面，给人温馨的力量。有一次，一位旅客在等待使用洗手间的时候，顺便坐在客舱乘务员的位置上，只见一位乘务员笑容满面地过来，弯下腰，轻轻地像耳语一样在旅客旁边说："这个位置是专供乘务员坐的，因为这个地方靠近紧急出口。"乘务员的话语气轻柔、温文尔雅却又诚恳沉稳，由于沟通得体，不仅没有使旅客尴尬，反而使其心悦诚服地起身离开。

　　因工作需要或条件限制而需要拒绝旅客时，如果直接使用否定词句会显得十分生硬，让旅客的心情不愉快。因此，即使在需要对旅客说"不"的时候，也要尽量用委婉的表述方式。例如，"对不起，能否关掉空调，这位旅客有点发烧。"

　　在服务用语中要注意，同样是"请"，在语义上却略有区别。敬语中的"请"着重向对方表示尊重和敬意，请求语中的"请"却侧重于有求于人。

（四）尽量避免使用外来语和专业用语

 读一读

"什么？我要杯可乐你们就疯了？！"

在某国际航班上，飞机快要着陆了，客舱乘务员做好了一切着陆前准备，安全检查落实，浮动物品固定。由于飞机要停场过夜，所以要求乘务员把一切留在飞机上的机供品（包括饮料、用具）用封条封好，保存。"饮料车封了吧？""封了""放杯子的那只柜子呢？""也封了"，这是客舱服务的专业省略用语。

这时，一位刚刚睡醒的旅客拦住一名乘务员："小姐，来杯可乐吧！"该乘务员刚在厨房里与几十个储物柜、餐车奋战过，好不容易将全部东西存放妥当，一听到旅客这么说就急了，脱口就是："啊！可乐？我们都封了！""什么？我要杯可乐你们就疯了？！"

无论话是讲给谁听，都要力求易懂。不同的行业都有不同的专业用语。各行各业的人哪怕是无意之中说出的专业用语，对门外汉来说就可能全然不知了。这一点应引起注意。

（五）善于控制自己的情绪和言行

民航服务人员在工作中要注意控制自己的情感，以平稳的心态为旅客服务。确实有的旅客素质不高、不注意卫生、习惯不好，甚至表现张扬或提出过分要求，也可能故意刁难服务人员，但仍要按服务规范一视同仁，否则会激化矛盾，影响服务质量。

不要把自己的情绪带入工作中，即便自己因某种原因心情不好，也要在进入工作状态前进行调整，以此为理由怠慢旅客是不允许的。

 充电站

讲话需要沟通技巧　遇到急事慢慢说

人是社会性的群体动物，人与人之间的交往就显得尤为重要，在交往中或多或少都面临着一些烦恼与困惑，这些因人际关系产生的烦恼，使不少人在心理健康方面承受着一定压力，会感到压抑与无助。此时在沟通方面，语言就是一大功臣，通过说及说话的技巧，可以很快提升自身的魅力，解决人际交往困难。

1．急事，慢慢地说

遇到急事，如果能沉下心思考，然后不急不躁地把事情说清楚，会给听者留下稳重、不冲动的印象，从而增加他人对你的信任度。

2．小事，幽默地说

尤其是一些善意的提醒，用句玩笑话讲出来，就不会让听者感觉生硬，他们不

但会欣然接受你的提醒，还会增强彼此的亲密感。

3．没把握的事，谨慎地说

对那些自己没有把握的事情，如果你不说，别人会觉得你虚伪；如果你能措辞严谨地说出来，会让人感到你是个值得信任的人。

4．没发生的事，不要胡说

人们最讨厌无事生非的人，如果你从来不随便臆测或胡说没有的事，会让人觉得你为人成熟、有修养，是个做事认真、有责任感的人。

5．做不到的事，别乱说

俗话说："没有金刚钻，别揽瓷器活。"不轻易承诺自己做不到的事，会让听者觉得你是一个"言必信，行必果"的人，愿意相信你。

生活中离不开语言，平常与人交往时，应细心地留意一下这些沟通的小技巧，运用沟通小技巧，让你在生活中轻松与人交流，减少阻碍，保持心理健康。

读一读

找麻烦的旅客

两位美国女性刚上飞机，就一面皱眉头、掩鼻子，一面嚷着客舱里空气不好。一位客舱乘务员微笑着走过来，一面请她们原谅，一面递上一小瓶香水。没想到的是，香水却被她们扔到客舱座位的角落里去了……

此时，乘务员心里很不是滋味，她的自尊受到了伤害，但还是微笑着给她们送来可口可乐。可是她们还没喝，就说可乐有问题，甚至过分地将可乐泼到乘务员的身上。这时该怎么办？如果在生活中，她是该奋起反击了，但作为民航服务人员，她必须理智地化解这一难题。乘务员强忍着这种极端无礼的行为对自己人格的侮辱，再次把可口可乐递了过去，不卑不亢地微笑着用英语说："小姐，这些可口可乐是美国的原装产品，也许贵国这家公司的可口可乐都是有问题的。我很乐意效劳，将这瓶可口可乐连同你们的芳名及在美国的地址，一起寄到这家公司，我想他们肯定会登门道歉并将此事在贵国的报上大加渲染的。"

两位女乘客目瞪口呆。这位睿智的乘务员又微笑着将其他饮料递给她们。

事后，这两位女乘客检讨自己太过分，并称赞中国乘务员的服务和微笑是一流的。

案例中，客舱乘务员的自尊一再受到伤害时，"制服"对方的办法不是"以眼还眼，以牙还牙"（按公司规定，也不允许对旅客无礼），而是用自己的智慧和良好的应变能力赢得外国旅客的尊重。

当然，对旅客的失礼行为也不能一味迁就，可视其行为失礼的程度而采取规劝、制止或交空中安全员处理。

（六）用幽默化解矛盾

民航服务工作是与人打交道的过程，服务人员要不断总结、积累经验，有较好的沟通技巧和灵活多变的处事方法。使旅客感受到服务员是在用心服务，真心地为旅客着想，诚心地为旅客办事，即使是执行各项安全规定也是为了保证旅客及飞行安全而必须做的，并非有意刁难旅客，而幽默不失为一种良好的沟通方法。

 充电站

有效锻炼口才的小妙招（二）——"有的说"

"有的说"就是说话时有丰富的材料、内容。这是练好口才的基础。如果自己敢于说，但心里空，没得可说，也是练不出来的。要想说话有丰富的内容，唯一的办法就是"学习"。要深入生活，多接触人，向社会搜集尽量多的生动素材，还要多读书，常看报，丰富自己的头脑，自己知识多了，与别人交谈就"有的说"了，甚至你说的内容别人都不知道，那就只能听你说了，这正是锻炼你口才的极好机会。

三、民航服务中语言表达礼仪的注意事项

俗话说得好："礼多人不怪"，民航服务人员在为旅客服务的过程中，要注意礼节的细节，避免产生不必要的误解和麻烦。

在与旅客对话时，服务人员应注意：

（1）必须面向旅客，笑容可掬。要垂手恭立，距离适当（一般以1米左右为宜），不要倚靠其他物品。说话时不要东张西望，最好看着对方的鼻子与双眼之间的位置，既使人感到受重视，又不给人压迫感。谈话时，不要完全正面对着旅客站立，以免互相遮蔽视线，或因上下打量而给旅客一种压抑感。

（2）音量要适度，不要大声喧哗，也不要凑到旅客身边小声嘀咕。

（3）如需手势辅助，必须注意规范和适度，动作幅度不宜太大，更不要用手指人。应掌心向上，以肘关节为支点在小范围内活动，不要握紧拳头或用手指对旅客指指点点。

（4）与旅客谈话时，不议论时政，不随便谈论宗教问题或其他社会敏感话题。

（5）谈话时如遇急事需要离开或处理，应向对方打招呼，表示歉意。要进退有序，可先后退一步，然后再转身离开，不要扭头就走，以显示对旅客的尊重。

（6）称赞对方不要过分，谦虚也要适度。

（7）如果与旅客有不同意见，不要固执己见，藐视旅客，而要保持协商的口吻与其沟通。

（8）当旅客在谈话时，不要旁听，更不要随便插嘴。如果有事要与其中某位旅客谈话，应等别人把话讲完，不要轻易打断别人的谈话。有时因为自己有事而想早点结束谈话，但旅客谈兴正浓，这时不要无礼地打断旅客的谈话，而要抓住客人谈话的空隙，立即接过话茬，表示这个问题留待以后再谈，然后起身告辞，自然地结束谈话。

（9）如果要和旅客谈话，应先打招呼。如恰好旅客正与别人谈话，不要凑上去旁听。如果有急事需要立即与旅客谈话，应趋前说一声："对不起，打扰一下可以吗？我有急事要告知这位先生。"如果旅客点头答应，应表示感谢。

如不想让别人知道谈话内容，可到一边去谈，不要靠近旅客耳朵窃窃私语，更不能一边对某位旅客私语，一边还不时用眼睛张望其他旅客。

（10）与旅客谈话时要注意自己的身份，不要忘乎所以，与旅客拉拉扯扯，拍肩捶胸。谈话内容不要涉及个人隐私，即使谈论工作，也要掌握分寸，不要无休止地一味恭维旅客或非让旅客提意见不可。

 充电站

有效锻炼口才的小妙招（三）——"善于说"

"善于说"就是能把话说得更简练、更生动、更幽默，使人爱听，让人信服。这是练好口才的关键。要想练就"善于说"，除了须学习点"心理学""逻辑学""辩证法"及"语法修辞"等必备的理论知识外，还要学习一些说话、论辩的技法，古今中外有许多这方面的实例，如晏子使楚，折服了楚王；触龙说赵太后挽救了国家危亡；墨子止楚攻宋伸张了正义；诸葛亮舌战群儒促成了联吴抗曹，等等，他们之所以取得成功，除了其他原因外，更重要的一条就是他们运用各具特色的论辩技法，如果自己学会了这些技法，就一定使自己的口才"如虎添翼"。论辩技法一般有例证法、引证法、对比法、比喻法、演绎法、归谬法、以矛盾攻矛盾法，等等。如果掌握了这些方法，并在不同场合灵活运用，一定会获得论辩的胜利。当然，说话、论辩的技法中，还有一个善于运用口头语言的问题，这里就不详述了。总之，只要按敢于说、有的说、善于说这三个步骤进行"持之以恒"的训练，你就会练出一副"好口才"的！

牛刀小试

1.飞机因天气原因推迟起飞时间，旅客非常地烦躁，并且不断地询问什么时候可以起飞。如果你是值机员该如何来解决？3～4人为一小组，分别扮演值机员、旅客、点评员。如何对待理智型、有分寸的旅客？如何对待脾气暴躁的旅客？如何对待有急事的旅客？……请设计不同的工作场景进行模拟训练。

提示：应使用何种对客服务用语；综合运用一般行为礼仪和仪态礼仪进行对客服务。

2.航班飞行过程中，你发现有一个旅客在厕所里不出来，影响了其他旅客的使用，你该如何用语言来解决？2～3人为一小组，进行模拟训练并点评。

提示：注意对客服务的语气、态度；综合运用一般行为礼仪和仪态礼仪进行对客服务。

3.一般机舱的最后一排座位是不能调节的，一位旅客坐在最后一排，飞机平飞后，前排的旅客把座位调下来，影响到这位旅客的空间，该旅客要求前排客人把位置调到正常，遭到拒绝后让乘务员过来协调一下。如果你是乘务人员，你该怎么办？2～3人为一小组，进行模拟训练并点评。

提示：

（1）巡视客舱，如果有空座位，该如何处理？

（2）如果客满，如何处理？

（3）结合一般行为礼仪和仪态礼仪对客进行服务。

4.当乘务员为大家解说逃生方法时，因为有的旅客已经非常了解，就视若无睹地与旁人大声喧哗，结果造成他人无法听清楚乘务员的解说声音。如果你是乘务员，你该怎么办？3～4人为一小组，进行模拟训练并点评。

提示：注意对客服务态度、口气；结合一般行为礼仪和仪态礼仪对客进行服务。

 充电站

礼仪中的"二金"法则

"二金"法则是指礼仪的"黄金法则"和"白金法则"，它们看似简单平常，却是人际交往中获得成功的法宝。

"黄金法则"出自《圣经·新约》中的一段话："你想人家怎样待你，你就要怎样待人。"这和孔子所说的"己所不欲，勿施于人"有异曲同工之妙。"黄金法则"几乎成了人类社会普遍遵循的处事原则。

　　遵循"黄金法则",意味着能够设身处地为他人着想,能够主动地换位思考,在给对方足够尊重的同时,也能赢得对方的尊重。恪守"黄金法则",会给对方留下完美的第一印象。

　　"白金法则"是美国学者亚历山大•德拉博士和奥康纳博士共同研究的成果。"白金法则"的精髓就在于"别人希望你怎样对待他们,你就怎样对待他们",也就是以对方为中心,从对方的需求出发,调整自己的行为。

　　根据"白金法则",以对方认为最好的方式去对待他们,就要多花时间去研究分析你交往的对象,以满足对方的需要为立足点,这样就能获得对方的认同和信赖。恪守"白金法则",会让对方感觉轻松和自在,从而拉近双方的距离。

　　总之,"黄金法则"是要用自己喜欢被对待的方式对待别人,"白金法则"是要用别人喜欢被对待的方式对待别人,两者相辅相成,共同启示我们:礼仪就是要尊重人,真心待人、坦诚待人。

任务二　民航服务人员的礼貌用语

案例

一句巧妙的回答

　　一次,由于飞机维修,一个航班晚点了。一名旅客在登机前询问地面值机员航班是否晚点了,值机员说:"先生,非常抱歉,航班晚点三十分钟,让您久等了。"这位旅客随即又问值机员"你们准备怎么赔偿?"值机员微笑着告诉旅客:"先生,我们会用最真诚、最周到的服务作为给您的补偿,您看可以吗?"假如值机员按照规定说"延误4小时内不赔偿"或"这件事我做不了主,由领导处理"都可能将矛盾激化。无疑,这名值机员的巧妙回答使矛盾得以化解。

　　对以语言表达为主要服务方式的民航服务人员来说,加强与旅客之间的语言交流是十分必要的,它事关民航工作的服务质量、服务态度两大问题,因此,认真掌握礼貌用语和禁忌语等服务用语是提高服务质量的关键。

　　民航服务礼貌用语的分类如下:

一、称谓语

称谓语有先生、夫人、太太、女士、大姐、阿姨、同志、师傅、老师、大哥等。

这类语言的处理，有下列要求：

（1）恰如其分。

（2）清楚、亲切。

（3）不确定的情况下，对一般男士称先生，对年轻女士称女士。

（4）灵活变通。

二、征询语

征询语是征求意见或询问时的用语。例如，"女士，您有什么吩咐吗？"征询语常常也是服务的一个重要程序，征询语运用不当，会使旅客很不愉快。

使用这类语言时要注意以下几点：

（1）注意旅客的形体语言。例如，当旅客东张西望的时候、从座位上站起来的时候、招手的时候，都是在用自己的形体语言表示他有想法或者有要求了。这时服务员应该立即走过去说："先生／女士，请问我能帮助您做点什么？""先生／女士，您有什么吩咐？"

（2）用协商的口吻。经常将"这样可不可以？""您还满意吗？"之类的征询语加在句末，显得更加谦恭，服务工作也更容易得到客人的支持。

三、拒绝语

例如，"您好，您的想法我们理解，但恐怕这样会违反规定，给旅行安全带来影响，谢谢您的合作。"

这类语言使用时有下列要求：

（1）一般应该先肯定，后否定。

（2）客气委婉，不简单拒绝。

四、指示语

例如，"先生，请一直往前走！""先生，请随我来！"

使用这类语言时有下列要求：

（1）避免命令式。命令式的语言，会让客人感到很尴尬，不高兴，甚至会与服务人员吵起来。如果你这样说："先生您有什么事让我来帮您，请您在座位上稍坐，我马上就来好吗？"可能效果就会好得多。语气要有磁性，眼光要柔和。

（2）应该配合手势。有些服务人员在碰到旅客询问地址时，仅用简单的语言指示，甚至

挥挥手、努努嘴，这是很不礼貌的。正确的做法是运用明确和客气的指示语，并辅以远端手势、近端手势或者下端手势，在可能的情况下，还要主动地走在前面给旅客带路。

五、道歉安慰语

例如，"很抱歉，航班由于天气原因延误了，我们会及时为您提供最新消息。""对不起，您需要的饮料供应完了，但您可以品尝一下×××饮料，这种饮料味道也不错。"

民航服务人员每天接待的旅客不仅数量多，而且差别大。旅客来自四面八方，有着不同的职业、生活环境、经济条件、教育背景、习惯和饮食口味，因而对服务的需求千差万别。即使十分注意和小心，也难免碰到各种无法预料的突发事件。面对各种突发事件导致的旅客不满及各种需求，民航服务人员要始终做到尊重旅客，临辱不怒、沉着大度，以妙语应粗俗，以文雅对无礼，论理处事有理有节，矛盾自然会得到解决，同时也会赢得旅客对民航企业的理解与信任。

案例

延误的航班

有一次，因为雷雨天气，航班延误了。一位旅客指着客舱乘务员大声斥责道："我的急事被你们的飞机延误了，接下来的航班我也赶不上了，这个损失谁来负责？我要索赔！我要告你们！你们说不飞就不飞，太不尊重旅客了！如果没有急事谁会坐飞机？不就是图快吗？连这个都做不到，你们还能干什么？"

听完那个旅客发的牢骚，客舱乘务员微微倾身，保持良好的与旅客交流的45°角，耐心地倾听，并不急于插话。待旅客情绪平静下来后，客舱乘务员做了诚恳的道歉："先生，对此我表示十分真诚的歉意，飞机不能按时起飞给您造成了很多不便。但我们和您一样把安全放在了首位，现在航路上有雷雨，暂时不能起飞。一旦天气有所好转，我们会积极与机长联系，一有消息我会马上通知您。我和您的心情其实是一样的，非常希望能够尽快起飞。"

这位旅客的情绪有所缓和，不再那么激动，他有点无奈地说："我只希望能够早些起飞。"然后就闭上了眼睛，再也不愿多说一句话了。

大概半个小时后，飞机还是无法正常起飞，乘务员将这个情况及时地告诉他："先生，飞机暂时还不能起飞，但机长正在联络，也许很快就有消息。今天很多航班都延误了，也许您的下一班机也会延误。一会儿，飞机一落地，我就来接您，您第一个下飞机，我陪您一起去办手续，好吗？"这番话让旅客觉得自己无法再抱怨了，于是，他说："好的，谢谢您！"并且微笑了一下。

在实际服务工作中，民航服务人员不可能预见到每一种意外状况，所以，要善于处理因各种原因而导致的旅客抱怨，要根据具体情况灵活运用语言向旅客致歉并安慰旅客。不要与旅客争论、辩解，认真聆听旅客的不满，从同情和理解的角度出发，坦诚相待，不急不恼，不说过头话，要减轻旅客的不满情绪，有效避免产生矛盾或化解矛盾，从而对民航企业产生信任和感激之情。

六、答谢语

例如，"谢谢您的好意！""谢谢您的合作！""谢谢您的鼓励！"……这类语言的使用，有下列要求：客人表扬、帮忙或者提意见的时候，都要使用答谢语。

旅客提出一些对服务方面的意见，有的意见不一定对，这时有的服务员喜欢去争辩，这是不对的。正确的做法是，不管他提得对不对，我们都要表示感谢："好的，谢谢您的好意！"或者"谢谢您的提醒！"旅客有时高兴了夸奖服务人员几句，也不能心安理得，无动于衷，而应该马上用答谢语给予回报。

七、特殊情况下的服务用语

例如，"请别让孩子在过道走，飞机颠簸得厉害。""请按顺序排队。""对不起，这里是紧急出口，您的行李不能放在这里。"

特殊情况下的服务用语，是服务语言的重要组成部分，使用得好，会使旅客在旅行中随时都能感受到尊重，并留下良好的印象。

八、客舱内禁止使用的服务用语

禁止使用冷漠、斥责、不耐烦、命令式的语句。

　牛刀小试

1. 春季，兰州上空黄土飞扬，200多名准备启程的旅客等候在中川机场候机室内，随着起飞时间的一再推迟，旅客脸上的阴云越积越厚，这时，候机室服务人员亲切地给每位旅客送上一杯水，有些旅客不理解，"不喝。""少来这一套，我们要的是飞机起飞。"一位旅客甚至将手中杯子重重地摔在地上，另一位旅客又把意见簿上的圆珠笔一折两段，气呼呼地嚷着"民航是骗子，高级骗子，飞机不起飞，用微笑来糊弄我们"。如果你是服务人员，你该怎么办？3～4人为一小组，分别扮演服务员、乘客、点评员。

提示：注意说话时的态度和措辞；找出问题产生的原因，提出解决的措施；综合运用一般行为礼仪和仪态礼仪对客进行服务。

2．飞行途中，旅客们发现了一位当红明星，很多旅客争着向明星索要签名，此时你该怎样与旅客沟通？

提示：将飞机失去平衡的危险性通过合理的表述告诉旅客；运用恰当的语言稳定旅客的情绪；综合运用一般行为礼仪和仪态礼仪对客进行服务。

 充电站

不正常航班服务口诀

航班迟，心焦急，莫将双眉中间挤；询原因，问时间，信息沟通当迅即。

先广播，讲事由，真诚致歉把怒息；发报纸，放录像，分散注意是妙计。

时间长，没关系，送水送餐降火气；老年人，小朋友，特殊旅客要熟悉。

勤巡视，多留意，安全监控要警惕；旅客疑，巧应答，耐心解释不要急。

客有难，尽全力，切莫满口承诺其；遇抱怨，多倾听，微笑理解要切记。

案例

播放机场候机厅"检票音频"和"东方航空机舱欢迎词"音频

前往哈尔滨的旅客请注意：

您乘坐的中国南方航空 CZ8658 航班现在开始办理乘机手续，请您到 6 号柜台办理。

谢谢！

女士们，先生们：

欢迎您乘坐中国东方航空公司 MU5193 航班由青岛流亭机场飞往北京首都机场。＿＿＿飞行距离是＿＿＿千米，预计空中飞行时间是 1 小时 15 分，飞行高度为＿＿＿米，飞行速度为平均＿＿＿千米每小时。

为了保障飞机导航及通信系统的正常工作，在飞机起飞和下降过程中请不要使用手提式电脑，在整个行程中请不要使用手提电话、遥控玩具、电子游戏机、激光唱机和音频接收机等电子设备。

飞机很快就要起飞了，现在由客舱乘务员进行安全检查。请您坐好，系好安全带，收起座椅靠背和小桌板。请确认您的手提物品是否妥善安放在头顶上方的行李架内或座椅下方。

本次航班的乘务长将协同机上_____名乘务员竭诚为您提供及时周到的服务。

谢谢！

任务三　民航服务工作中的播音礼仪

民航服务工作中的播音包括公共广播和客舱广播。播音的及时、有效，体现了服务人员的细致和周到。

一、公共广播

（一）公共广播的礼仪要求

公共广播系统是机场航站楼必备的重要公共宣传媒体，是机场管理部门播放航空公司信息、特别公告、紧急通知等语言信息的重要手段，是旅客获取信息的主要途径之一，也是提高旅客服务质量的重要环节。

（1）播音时要有表情，要亲切微笑。微笑，是内心的鲜花在脸上的绽放，所以即使旅客看不到，但从声音里依然可以感受到笑容，体会到发自内心的温暖，给人宾至如归之感。

（2）播音时情绪要饱满、振奋，声音要亲切悦耳。对旅客周到细致的服务，离不开饱满振奋的情绪，否则会给旅客怠慢的感觉。亲切悦耳的声音可以减少旅客的紧张感和疲劳感。

（3）播音时要语言规范，采用统一的专业术语，语句通顺易懂，避免发生语义的混淆。播音用语应以汉语和英语为主，同一内容应使用汉语普通话和英语两种以上语言对应播音；少数民族地区应增加民族语言广播。

（4）广播内容要准确，航班到达、延误或取消等信息应及时、反复进行广播。

（5）播音时音量要适度。音量过高或过强都会使自己的服务态度显得生硬、粗暴，还有可能会让旅客有震耳欲聋的不舒适感。音量过低过弱，则又会显得有气无力，会有沉闷不堪的感觉，甚至还会产生被怠慢的感觉。

适度的音量，往往表现得婉转、平稳，让人倍感亲切，增强感染力和吸引力。

（6）播音时语速要适中。过快或过慢都会让旅客听起来觉得费力，过快的语速会给人性情急躁、不耐烦的感觉；拖腔拉调会给人有气无力、矫揉造作的印象。

（7）语调生动，语言灵活。根据需要，分出轻重缓急，分清抑扬顿挫，而且要能够根据不同内容传达出不同的思想感情。

（二）公共广播用语的格式规范

航班信息类播音是候机楼广播中最重要的部分，用语要求表达准确、逻辑严密、主题清晰。所用格式一般应按以下要求执行：

1．每种格式由不变要素和可变要素构成

其中，不变要素指格式中固定用法及其相互搭配的部分，它在每种格式中由固定文字组成。可变要素指由动态情况确定的部分，它在每种格式中由不同符号和符号内的文字组成。

格式中的符号注释：

（1）表示航站名称；

（2）表示航班号；

（3）表示办理乘机手续柜台号、服务台号或问询台号；

（4）表示登机口号；

（5）表示 24 小时制时刻；

（6）表示分钟时刻；

（7）表示播音次数；

（8）表示飞机机号；

（9）表示电话号码；

（10）表示内容可以选用，或跳过不用；

（11）表示需从多个要素里选择一个，不同的要素用序号间隔。

2．每种具体的广播用语的形成方法

根据对应格式，选择或确定其可变要素（如航班号、登机口号、飞机机号、电话号码、时间、延误原因、航班性质）与不变要素共同组成具体的广播用语。

（三）公共广播的主要内容

航班信息类播音是候机楼广播中最重要的部分，用语要求表达准确、逻辑严密、主题清晰。

1．出港类广播用语包括三类：办理乘机手续类、登机类和航班延误 / 取消类广播。

（1）办理乘机手续类广播用语

例：开始办理乘机手续通知（语气热情而亲切）

前往＿＿＿①的旅客请注意：

您乘坐的＿＿＿②次航班现在开始办理乘机手续，请您到＿＿＿③号柜台办理。

谢谢！

Ladies and Gentlemen，

May I have your attention，please?

We are now ready for check-in for Flight____②to____①at counter No.____③.

Thank you.

（2）登机类广播用语

例：正常登机通知（语气亲切自然、热情友好）

前往____①的旅客请注意：

您乘坐的____②次航班现在开始登机。请带好您的随身物品，出示登机牌，由____④号登机口上 [____⑧号] ⑩飞机。

[祝您旅途愉快。] ⑩

谢谢！

Ladies and Gentlemen，

May I have your attention，please?

The Flight____ ② to____ ① is now boarding.Would you please have your belongings and boarding passes ready and board the aircraft [No.____ ⑧] ⑩ through Gate No.____ ④ [We wish you a pleasant journey.] ⑩

Thank you.

（3）航班延误 / 取消广播用语包括四种

例：航班延误通知（语气真诚亲切，富有情感）

前往____①的旅客请注意：

我们抱歉地通知，您乘坐的____②次航班由于 <1．本站天气不够飞行标准；2．航路天气不够飞行标准；3． ____①天气不够飞行标准；4．飞机调配原因；5．飞机机械原因；6.飞机在本站出现机械故障；7．飞机在____①机场出现机械故障；8．航行管制原因；9． ____①机场关闭；10．通信原因 > ⑪ <1．不能按时起飞；2．将继续延误；3．现在不能从本站起飞 > ⑪起飞时间 <1．待定；2．推迟到____⑤点____⑥分 > ⑪。在此我们深表歉意，请您在候机厅休息，等候通知。[如果您有什么要求，请与 [____③号] ⑩ <1．不正常航班服务台；2．服务台；3．问询台 > ⑪工作人员联系。] ⑩

谢谢！

Ladies and Gentlemen，

May I have your attention，please?

We regret to announce that Flight____ ② [alternated from____ ①]to____ ① <1. cannot leave on schedule ; 2. will be delayed to____ ⑤____ ⑥; 3. will be further delayed [to____ ⑤ :____ ⑥] ⑩; 4. can not take off now>⑪ due to <1.the poor weather condition at our airport ; 2. the poor weather condition over the air route ; 3. the poor weather condition at____ ① Airport ; 4.aircraft reallocation ; 5. the maintenance of the aircraft ; 6. the aircraft maintenance at our airport ;

7. the aircraft maintenance at the____① Airport；8. air traffic congestion；9. the closedown of ____① Airport；10.communication trouble>⑪. Would you please remain in the waiting hall and wait for further information?[If you have any problems or questions，please contact with the <1. irregular flight service counter；2. service counter；3. information desk> ⑪ [No.____③] ⑩] ⑩

Thank you.

 充电站

播音发声技巧

要成为一名优秀的播音员，正确的发声至关重要。

1．气息下沉，保持声音宽厚、通畅。

2．喉部放松，避免声音捏、窄、挤、逼。

3．吐字归音要到位：字头咬住弹出，部位准确；字颈要定型标准，过渡柔和；字腹要拉开立起，圆润饱满；字尾要归音到位，完整自如。

4．弹性声音，声音的伸缩性和可变性要强。

2．进港类广播用语包括五种：正常航班预告、延误航班预告、航班取消通知、航班到达通知、备降航班准备。

例：正常航班预告

迎接旅客的各位请注意：（语气亲切、客观）

由____① [、____①] ⑩飞来本站的 [补班] ⑩____②次航班将于____⑤点____⑥分到达。

谢谢！

Ladies and Gentlemen，

May I have your attention，please?

[Supplementary] ⑩ Flight____② from____① [, ____①] ⑩ will arrive here at____⑤: ____⑥ .

Thank you.

二、客舱广播

（一）客舱广播的礼仪要求

客舱广播是为旅客服务的，按照性质包括服务和安全两部分。服务方面主要是通过广播让旅客了解此次航班的航程、时间、途经的省市和山脉、河流，还有一些服务项目等。安全方面首先是正常的安全检查，在起飞和落地前都会通过广播提醒旅客；其次还有特殊情况和突发事件，都会通过广播让旅客了解。因此，播音员播音时的礼仪就显得尤为重要。

（1）迎、送致词主要用于欢迎和欢送旅客上下飞机，要求语言清晰、亲切。

（2）客舱安全广播主要是对飞机上的安全注意事项进行介绍，如对氧气罩、安全带、应急出口的使用与位置介绍，要求语言庄重、规范、清晰流畅。航线及安全注意事项广播是客舱中最基本的播音内容，需要熟练掌握。

（3）风光导入的播音要准确恰当、有时代感。因为部分乘坐飞机的旅客并不会经常乘坐同一航线飞机，他们来自不同地区和国家，在飞行中常常会对途经的地方感兴趣。因此，客舱乘务人员经常需要承担导游的角色，主动介绍途经的名胜古迹。

（4）特殊情况播音要求镇定、自信。遇到气流飞机颠簸、飞机延误、备降等情况时，乘务员的播音一定要及时、自信、沉稳。平和的播音能够有效减轻旅客的恐慌心情。

（5）节日活动播音要讲究丰富多彩，语言要热情，具有鼓动性。

（二）民航服务播音的主要内容

空中广播是飞行中客舱乘务员针对旅客进行的广播。它是客舱沟通的重要内容，面向全体旅客，告知需要大家周知的事项。它包括欢迎词、安全演示解说词，发放耳机、提供餐食、起飞以及降落广播词。此外，一些突发情况，如遇到颠簸或水上、陆地紧急迫降等，都有相应的广播词。不仅不同服务内容的广播词不同，即使服务内容相同也要视服务对象的不同而有所区别。

客舱播音的主要类型有：

1．迎、送致辞

这种播音主要是欢迎和欢送旅客上下飞机常用的播音。要求语言清晰、亲切。

[播音词范例]

女士们，先生们：

欢迎您乘坐中国____航空公司____航班由____前往____（中途降落____）。由____至____的飞行距离是____千米，预计空中飞行时间是____小时____分，飞行高度为____米，飞行速度为平均____千米每小时。

为了保障飞机导航及通信系统的正常工作，在飞机起飞和下降过程中请不要使用手提式电脑，在整个行程中请不要使用手提电话、遥控玩具、电子游戏机、激光唱机和音频接收机等电子设备。

飞机很快就要起飞了，现在由客舱乘务员进行安全检查。请您坐好，系好安全带，收起座椅靠背和小桌板。请确认您的手提物品是否妥善安放在头顶上方的行李架内或座椅下方。

本次航班的乘务长将协同机上____名乘务员竭诚为您提供及时、周到的服务。

谢谢！

2．客舱安全介绍

主要是对飞行中安全注意事项的介绍，如氧气面罩、安全带、应急出口的使用与位置等。要求语言庄重、规范、清晰流畅。

[播音词范例]

女士们，先生们：

你们好！现在由客舱乘务员向您介绍救生衣、氧气面罩、安全带的使用方法及紧急出口位置（配合演示或录像）。

救生衣在您座椅下面的口袋里。使用时取出，经头部穿好，将带子扣好系紧。然后打开充气阀门，但在客舱内不要充气。充气不足时，请将救生衣上部的两个充气管拉出用嘴向里充气。

氧气面罩储藏在您的座椅上方，发生紧急情况时，面罩会自然脱落。氧气面罩脱落后，请您用力向下拉面罩，并将面罩罩在口鼻处，把带子套在头上进行正常的呼吸。

在您座椅上备有两条可以对扣起来的安全带，当飞机在滑行、起飞、颠簸和着陆时，请您系好安全带。解开时，先将锁口打开，然后拉开连接片。

本架飞机共有4个紧急出口，分别位于前部、后部和中部以及上舱，在客舱通道上以及出口处装有紧急照明指示灯，在紧急脱离时请按指示路线撤离。在座椅背后的口袋内备有安全说明书，请您尽早阅读。

3．航线及注意事项介绍

这种播音词是客舱播音中最为普遍的，需要熟练掌握。

[播音词范例]

女士们，先生们：

我们的飞机已经离开＿＿＿前往＿＿＿。在这条航线上，我们将飞越的省份有＿＿＿，城市有＿＿＿，河流有＿＿＿，山脉有＿＿＿。您现在乘坐的这架飞机是＿＿＿公司制造的＿＿＿型客机，能够容纳＿＿＿名旅客。在您座位上方备有阅读灯、通风孔以及呼唤铃。

清洁袋在您座椅前面的口袋里，供您放置杂物以及呕吐时使用。洗手间位于客舱前部及尾部，当安全带指示灯亮时，洗手间暂停使用。请您全程不要在客舱及洗手间内吸烟。

在这段旅程中，我们为您准备了正餐、点心及饮料，供餐时我们将广播通知您。

为确保大家旅途安全，顺利到达目的地，请您在飞机滑行、起飞、降落和颠簸期间，在座位上坐好，系好安全带，不要开启行李架，以免行李滑落，砸伤其他旅客。多谢您的合作。

祝您旅途愉快、身体健康！谢谢！

4．特殊情况播音

要求镇定、自信。遇到气流颠簸、飞机延误、备降等情况时，服务人员的播音一定要及时、自信、沉稳。平和的播音能够有效减轻旅客的恐慌心态，很好地树立起航空公司的良好形象。例如，一次由厦门飞往沈阳的航班，途经杭州时，飞机颠簸长达10多分钟，客舱里一片惊呼声，可直到颠簸结束，才有乘务员进行播音，解释刚才是因为杭州天降大雨，云层很厚导致的。这种事后诸葛亮的做法无疑使其全程服务水准大打折扣。

[播音词范例]

（1）女士们，先生们：

现在飞机遇到气流，有些颠簸，为了您的安全，请您在座位上坐好，系好安全带，谢谢合作。

（2）女士们，先生们：

由于北京正降大雪，本次航班将在13∶20备降太原国际机场。请您收好小桌板，系好安全带，乘务组对飞机备降给您带来的不便深感抱歉，谢谢合作。

 牛刀小试

1．模仿下列情节，拟写广播词并练习。

某航班从广州飞往乌鲁木齐，一切服务正按部就班地进行着。

"乘务员，快来，快来！怎么办啊？"忽然，一阵仓促的呼喊声中断了乘务员的送水工作。赶过来，发现原来是一位带着两个孩子的母亲在求助，她怀中还不足3岁的孩子突然出现异常状况：抽搐、呼吸困难。

闻讯赶到的乘务长赶紧掐住孩子的人中，此时孩子脸色已开始发紫。"广播找医生，拿氧气瓶来。"乘务长发出指令。客舱内的气氛瞬间紧张起来。乘务员拿起身边的话筒，向客舱里发出求助。万幸的是，这次航班中不但有医生，还不止一位，当时有4名医生听到广播后迅速加入这次抢救行动中。"氧气瓶、冰块、毛巾、听诊器……"按照医生的要求，乘务组迅速准备了机上的急救设备。就这样，在4名医生和这些"临时护士"共同搭建的"空中急救中心"里，大家再一次听见了孩子啼哭的声音。

但一切没有就此结束。孩子是因为高烧才引起的症状，因此急需服药以确保孩子镇定而不会再次抽搐。由于机上所配急救药品中没有针对孩子高烧抽搐的药品，抢救陷入了困境。于是，乘务组开始第二次广播寻找药品。

待广播播出后，机上的乘客纷纷拿出随身携带的药品。没一会儿工夫，消炎、解热镇痛类的药品都及时送来。医生经过一一确认找到了对症的药，将其碾磨成粉，加入糖后冲成水剂，给孩子喂下。经过一番折腾，孩子也困了，于是乘务长从头等舱拿来了枕头和小被子为他安排了一个舒适的小床。看着他安然熟睡的样子，所有人都长长地舒了口气。

要求：（1）针对寻找医生和寻找药品两件事编写简单的广播词，拟稿要迅速，准确传达现场情况。

（2）广播词应准确描述所需帮助的具体内容。

（3）播音时情绪稳定，语气要急切而不慌乱。

（4）及时表达对乘客的感谢之情。

2．播音练习

各位贵宾：

我们现在已经降落在____机场了，在安全带指示灯没有熄灭、班机没有停稳前，请您不要离开座位。下机时请不要忘了随身携带的行李，打开座位上方的行李柜时请您特别留意，以免行李滑落下来。

非常感谢您搭乘____航空公司的班机，并希望很快能再次为您服务。

提示：要注意播音时状态的调整，普通话发音标准，语气柔和、亲切，语速适中。

✈ 思考与练习

1．民航服务中语言表达的基本原则有哪些？

2．简述民航服务人员语言表达的基本内容。

3．你能说出哪些常用的专业礼貌用语？客舱内禁止使用的服务用语有哪些，如何避免？

4．民航服务工作中的播音礼仪有哪些？

5．案例：旅客想要一份素食，但飞机上没有专门的素食配餐，直接告诉旅客说不供应素餐吗？这时候该怎么办？

6．在民航服务工作中，会有一些临时通知需及时告知到每一位旅客，如航班取消、备降航班到达消息，通知过站旅客、候补旅客如何办理登机手续等，请根据上述4种情况分别拟写广播词。

附：客舱服务播音的主要内容

1．欢迎词（语气真诚、热情、友好，富有亲和力）

女士们，先生们：

欢迎您乘坐中国____航空公司____航班由____前往____（中途降落____）。由____至____的飞行距离是____千米，预计空中飞行时间是____小时____分，飞行高度为____米，飞行速度为平均＿＿＿千米每小时。

为了保障飞机导航及通信系统的正常工作，在飞机起飞和下降过程中请不要使用手提式电脑，在整个行程中请不要使用手提电话、遥控玩具、电子游戏机、激光唱机和音频接收机等电子设备。

飞机很快就要起飞了，现在由客舱乘务员进行安全检查。请您坐好，系好安全带，收起座椅靠背和小桌板。请确认您的手提物品是否妥善安放在头顶上方的行李架内或座椅下方。

本次航班的乘务长将协同机上＿＿＿名乘务员竭诚为您提供及时、周到的服务。

谢谢！

Ladies and Gentlemen，

Welcome aboard＿＿＿Airlines Flight＿＿＿to＿＿＿（via＿＿＿）.The distance between＿＿＿and＿＿＿is＿＿＿kilometers.Our flight will take＿＿＿hours and＿＿＿minutes.We will be flying at an altitude of＿＿＿meters and the average speed is＿＿＿kilometers per hour.

In order to ensure the normal operation of aircraft navigation and communication systems，passengers are not allowed to use mobile phones，remote-controlled toys，and other electronic devices throughout the flight and the laptop computers are not allowed to use during takeoff and landing.

We will take off immediately.Please be seated，fasten your seat belt，and make sure your seat back is straight up，your tray table is closed and your carry-on items are securely stowed in the overhead bin or under the seat in front of you.This is a non-smoking flight，please do not smoke on board.

The chief purser＿＿＿with all your crew members will be sincerely at your service.We hope you enjoy the flight! Thank you!

2. 起飞后广播（语气亲切、自然）

女士们，先生们：

我们的飞机已经离开＿＿＿前往＿＿＿，沿这条航线，我们飞经的省份有＿＿＿，经过的主要城市有＿＿＿，我们还将飞往＿＿＿。在这段旅途中，我们为你准备了早（中、晚）餐。供餐时我们将广播通知您。下面将向您介绍客舱设备的使用方法：

起飞服务
流程

今天您乘坐的是＿＿＿型飞机。

您的座椅靠背可以调节，调节时请按座椅扶手上的按钮。在您前方座椅靠背的口袋里有清洁袋，供您扔置杂物时使用。

在您座椅的上方备有阅读灯开关和呼唤按钮。如果您需要乘务员的帮助，请按呼唤钮。

在您座位上方还有空气调节设备，您如果需要新鲜空气，请转动通风口。

洗手间在飞机的前部和后部。在洗手间内请不要吸烟。

Ladies and Gentlemen,

We have left_____for_____.Along this route, we will be flying over the provinces of_____, passing the cities of_____, and crossing over the_____.

Breakfast（Lunch，Supper）has been prepared for you.We will inform you before we serve it.

Now we are going to introduce to you the use of the cabin installations.

This is a_____aircraft.

The back of your seat can be adjusted by pressing the button on the arm of your chair.

The call button and reading light are above your head.Press the call button to summon a flight attendant.

The ventilator is also above your head.By adjusting the airflow knob，fresh air will flow in or be cut off.

Lavatories are located in the front of the cabin and in the rear.Please do not smoke in the lavatories.

3．餐前广播（语气温和、亲切）

女士们，先生们：

我们将为您提供餐食（点心餐）、茶水、咖啡和饮料。欢迎您选用。需要用餐的旅客，请您将小桌板放下。

为了方便其他旅客，在供餐期间，请您将座椅靠背调整到正常位置。谢谢！

Ladies and Gentlemen,

We will be serving you meal with tea，coffee and other soft drinks.Welcome to make your choice.

Please put down the tray table in front of you. For the convenience of the passenger behind you，please return your seat back to the upright position during the meal service.Thank you!

4．征询意见（语气诚恳）

女士们，先生们：

欢迎您乘坐中国_____航空公司航班，为了帮助我们不断提高服务质量，敬请留下宝贵意见，谢谢您的关心和支持！

Ladies and gentlemen，

Welcome aboard_____airlines.Comments from you will be highly valued in order to improve our service.Thanks for your concern and support.

5．预定到达时间广播（语气温和、亲切）

女士们，先生们：

本架飞机预定在_____分钟后到达_____机场，地面温度是_____，谢谢。

Ladies and Gentlemen,

We will be landing at＿＿airport in about＿＿minutes.The ground temperature is ＿＿degrees Celsius.Thank you!

6．下降时安全检查广播（语气友好、亲切）

下降服务、答疑解惑、下客

女士们，先生们：

飞机正在下降。请您回原位坐好，系好安全带，收起小桌板，将座椅靠背调整到正常位置。所有个人电脑及电子设备必须处于关闭状态。请确认您的手提物品是否已妥善安放。稍后，我们将调暗客舱灯光。谢谢！

Ladies and Gentlemen，

Our plane is descending now.Please be seated and fasten your seat belt.Seat backs and tables should be returned to the upright position.All personal computers and electronic devices should be turned off.And please make sure that your carry-on items are securely stowed.We will be dimming the cabin lights for landing.Thank you!

7．到达终点站（语气真诚、带有喜悦）

女士们，先生们：

飞机已经降落在＿＿机场，本地时间是＿＿，外面温度为＿＿摄氏度。飞机正在滑行，为了您和他人的安全，请先不要站起来或打开行李架。等飞机完全停稳、安全带指示灯熄灭后，请您再解开安全带，整理好随身物品准备下飞机。从行李架里取物品时，请注意安全。您交运的行李请到行李提取处领取。需要在本站转乘飞机到其他地方的旅客请到候机室中转柜台办理。

感谢您选择＿＿航空公司班机！下次旅途再会！

Ladies and Gentlemen，

Our plane has landed at＿＿Airport.The local time is＿＿.The temperature outside is＿＿ degrees Celsius（＿＿degrees Fahrenheit）.The plane is taxiing.For your safety，please stay in your seat for the time being.When the aircraft stops completely and the fasten seat belt sign is turned off，please detach the seat belt，take all your carry-on items and disembark（please detach the seat belt and take all your carry-on items and passport to complete the entry formalities at the terminal）.Please use caution when retrieving items from the overhead compartment.Your checked baggage can be claimed in the baggage claim area.The transit passengers please go to the connection flight counter in the waiting hall to complete the procedures.

Welcome to＿＿（city）.Thank you for selecting＿＿airlines for your travel today and we look forward to serving you again.Wish you a pleasant day.Thank you!

8．旅客下飞机广播

女士们，先生们：

本架飞机已经完全停稳，请您从前（中、后）登机门下飞机。谢谢！

Ladies and Gentlemen，

The plane has stopped completely.Please disembark from the front（middle，rear）entry door.Thank you!

9．延误后落地广播（语气真诚亲切，富有情感）

女士们，先生们：

本架飞机已经降落在＿＿＿机场，外面的温度为＿＿＿摄氏度。

飞机还将继续滑行，请您仍坐在座位上，不要起立，系好安全带。安全带指示灯熄灭后请带好您的全部手提物品（护照、证件和＿＿＿）准备下飞机。您交运的行李请凭行李牌到候机室出口处领取。

需从本站转乘飞机到其他地方去的旅客，请到候机室办理换乘手续。

各位旅客，感谢您乘坐＿＿＿航空公司班机，由于＿＿＿原因，耽误了您的旅行，我代表全体机组人员在此向您深表歉意，并欢迎您再次乘坐我们的航班。

女士们，先生们，我们下次旅途再见。

Ladies and Gentlemen，

We have just landed at＿＿＿Airport.The outside temperature is＿＿＿degrees Celsius，＿＿＿degrees Fahrenheit.The plane is still taxiing.Please remain in your seat，with your seat belt fastened until the seat belt light turned off.When you see the seat belt sign turned off，please take all your carry-on items（passport，documents and＿＿＿）and prepare to disembark.Please ensure that you have your luggage label with you when you claim your luggage from the baggage hall.

Would all passengers transferring to other cities please proceed to the transit check-in desk in the waiting hall?

Owing to＿＿＿，we are＿＿＿hours/minutes behind schedule.On behalf of the whole crew，I would like to offer our sincere apologies.Thank you for flying with airlines.

We look forward to flying with you again.

10．夜间飞行

女士们，先生们：

为了保证您旅途中得到良好的休息，我们将调暗客舱灯光；为了防止气流变化引起突然颠簸，请您在睡觉期间系好安全带。如果您需要我们帮助，请按呼唤钮；如果要看书，请打开阅读灯（按钮在您座位上方）。请保持客舱安静！谢谢！

Ladies and Gentlemen，

To allow passengers to rest，we will be dimming the cabin lights.In case we should experience air turbulence，please ensure that your seat belts fastened before you go to sleep.If you should need any assistance，please press the call button.Should you wish to read，please switch on the reading light by pressing the button located above your head.Would you please show consideration for those wishing to sleep！

Thank you.

11．首航欢迎词（语气热情、友好，温和中透露着严肃）

女士们，先生们：

早上（中午、晚上）好！

我代表全体机组人员欢迎您乘坐____航空____首航班机飞往____。

今天，我们能有机会为您服务，感到非常高兴，愿我们的服务给您的旅程增添一份温馨和快乐！

现在乘务员进行客舱安全检查，请您协助我们收起您的小桌板，调直座椅靠背，打开遮阳板，并请您坐好，系好安全带。

本次航班为禁烟航班，在客舱和盥洗室内禁止吸烟。严禁损坏、破坏盥洗室内的烟雾探测器。谢谢！

Ladies and Gentlemen，

Good morning（afternoon/evening）！

On behalf of all the crew，I'd like to welcome you aboard____maiden flight to____.

We're delighted to at your service and hope we can make this a very special flight.

The cabin attendants are now carrying out a cabin safety inspection.Would you please assist them by ensuring that your table is folded away，your seat is in the upright position and the blind is fully open? Please remain in your seat，with the seat belt fastened.

This is a non-smoking flight.Smoking，in either the cabin or the toilets，is forbidden.It is strictly forbidden to tamper with the smoke detectors in the bathroom.

Thank you！

12．紧急脱险播音词（语气沉着、冷静而又干脆）

各位旅客：

正如机长所述，我们的飞机将在××地方××机场紧急迫降。飞机没有大的危险，全体机组成员受过严格、良好的训练，请大家听从乘务员的指挥。

各位旅客：

为了保证您在撤离时的安全，请您取下身上的锋利物品。如手表、钢笔……

各位旅客：

现在我们将飞机上的紧急出口向您介绍一下，并将同时向您介绍一下客舱脱离区域的

划分：

（1）本架飞机有 3 处紧急出口，分别位于客舱的前部、中部、后部。

（2）从第一排到第____排的旅客由前部登机门脱出。

（3）从第____排到第____排的旅客由中部登机门脱出。

（4）从第____排到最后一排的旅客由后部登机门脱出。

各位旅客：

飞机紧急着陆时，一般会带有冲击，为了您的安全，现在我们向您介绍防冲击安全姿势：当您听到乘务员喊"抱紧，防撞！"时，请您采取并保持这个姿势直到飞机完全停稳。下面请看乘务员示范"两臂交叉，紧抓前方座椅靠背，头俯下，两脚用力蹬地。"

各位旅客：

为了做好紧急撤离工作，我们将在旅客中选择援助者，如果您是军人、警察、消防员、民航内部职工，请与乘务员联系。

项目五　民航服务人员的形象礼仪

✈ 礼仪警句

◆ 美的形象是丰富多彩的，而美也是到处出现的。人类本性中就有普遍的爱美的要求。

——黑格尔

◆ 人的一切都应该是美丽的：面貌、衣裳、心灵、思想。

——契科夫

◆ 十全十美虽无法达到，但却值得追求。

——罗·布坎南

任务导入

空中"旗袍秀"

　　中国四川航空公司由成都飞往北京的 3U8885 航班从成都双流国际机场腾空而起。为庆贺首航，"祥凤"乘务组为搭乘首航航班的旅客精心策划了"空中剪彩"和"蜀绣旗袍秀"的特色活动。在飞行过程中，参与首航的八位旅客被邀请作为嘉宾，并为首航进行"空中剪彩"，随后乘务组成员身着川航在京蓉航线上独有的蜀绣旗袍工装，在万米高空上演了一出精彩的"旗袍秀"——伴随着《茉莉花》的音乐，8 名客舱乘务员从机舱两侧通道徐缓而出，手持竹扇翩翩起舞。她们身着各色旗袍，发型典雅，妆容得体，舞姿优美，赢得了旅客的阵阵掌声。

整体妆容

任务一　民航服务人员化妆的要求

民航服务人员以其美丽、端庄、大方的外表给人们留下了他们固定的形象特征，那么作为一名合格的民航服务人员，怎样才能形成自己的形象特征呢？第一，民航服务人员的专业化形象是在日常的工作生活中逐渐学习和养成的；第二，良好的风度需要长时间的培养和锻炼。作为一名合格的民航服务人员，还需要在长期的工作中强化自己的文化素质，提高自身的修养，将外在的美和内在的美相结合。

一、颜面化妆

（一）女性民航服务人员化妆的要求

女性民航服务人员在执行工作任务时，化妆应以淡雅、清新、自然为宜。

1. 打粉底

民航服务人员，应尽量选择质地柔和且上妆后与肤色接近的粉底液。客舱乘务员经常处于特别干燥的空调环境，底妆需要选择有保湿效果的化妆品。地面服务人员需要承担接机和送机的工作，最好选择具有防晒功能的底妆化妆品。打粉底时，取出少量粉底霜于指腹或沾湿的粉底海绵上，用指腹或粉底海绵均匀地涂抹在脸部肌肤，依次以脸颊、额头、下巴的顺序由内往外推开。涂抹第一遍后，在有瑕疵的地方可以特别涂抹一点以加强一下遮盖效果（图5-1）。

2. 定妆

对于执行工作任务时间较长的民航服务人员，由于带妆时间较长，可用散粉（定妆粉）固定妆面，以达到妆面持久的效果。定妆粉的选购最好和基础底色（粉底）为同一色系（图5-2）。

打粉底、
定妆

（1）

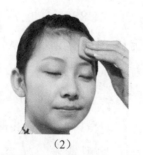
（2）

图5-1　打粉底

图5-2　定妆

3. 描眉

眉毛的形状能够左右人的表情，作为民航服务人员要留给乘客亲切、友善的最佳印象，所以不应有过硬的线条感，眉头、眉峰、眉梢三点之间的线条要流畅、柔和。眉笔可选择与

自己头发相同的颜色，画眉并不是随意乱涂几下了事，而是要顺着眉毛的生长方向一根一根地画，画完后一定要用眉刷晕开画好的线条，才会显得自然（图 5-3）。

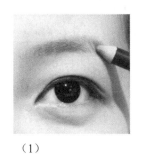

描眉

（1）　　　　　　　　　　　　（2）

图 5-3　描眉

4．涂眼影

眼影的色彩应与所穿着的服饰色彩相搭配，女性民航服务人员工作装的色系通常为红色、蓝色。红色制服宜选用紫色系眼影，蓝色制服宜选用蓝色系眼影，禁止使用珠光或闪光的眼影。

涂眼影的步骤（图 5-4）：

（1）以眼影棒蘸较深颜色的眼影，沿着睫毛边缘，于眼尾往眼角方向重复涂抹晕淡。

（2）眉骨可用眼影刷蘸明亮色系的眼影，左右刷抹，直到眼窝全部刷满为止，中间勿留空隙。

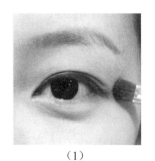

眼部修饰

（1）　　　　　　　　　　　　（2）

图 5-4　涂眼影

（3）以使用过的眼影棒（不需再蘸眼影）直接抹在下眼睑近眼尾四分之一处。

5．描眼线

民航服务人员眼妆要庄重，流畅的眼线能让明眸增添神采，但不允许描画眼尾上挑的眼线。描画眼线时，画笔与眼睑的水平线应成 30°～40° 角，倾斜地描绘，才能使线条更柔和、流畅。尽量用笔尖的侧面着色，这样可以画出富于粗细变化的线条（图 5-5）。

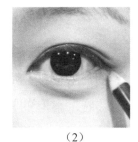

（1）　　　　　　（2）

图 5-5　描眼线

6. 涂睫毛膏

睫毛膏的颜色以黑色和棕色为最佳，呈"之"字形涂抹，这样上色比较均匀。需粘贴或种假睫毛，长度不应超过1厘米。先由上睫毛表层开始，由近眼睑处向外扫开，然后从底层往上扫开，扫时要像蛇行般打"之"字，才能减少"粒粒"出现。扫下眼睫毛时要用扫头逐条向下扫开。最好保持不眨眼，不然便会晕染了，待干后再上第二层。睫毛液过多，可以在眼下放一张纸巾，然后眨眼，纸巾便会把多余的睫毛液吸光（图5-6）。

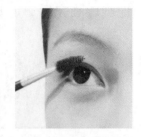

图 5-6　涂睫毛膏

7. 涂腮红

涂腮红

职业妆的腮红不可强于口红，重点是在于利用柔和的色彩使整个妆容更加亮丽。腮红能够修饰脸形，增强脸部立体感，利用柔和的色彩使整个妆容更加生动。在使用时，用化妆刷将胭脂涂在脸上后轻轻地扫开。因现在很多品牌的胭脂都有持久配方，需要健康自然的效果时，开始用量不宜太多，逐渐加深至满意效果（图5-7）。

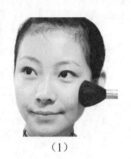
（1）

（2）

图 5-7　涂腮红

8. 涂口红（唇彩）

涂口红

职业妆不可过于浓艳，所以口红（唇彩）的颜色不要过于鲜艳。不要使用油腻或带有珠光的口红（唇彩）。涂口红（唇彩）时，可将唇膏（唇彩）直接涂抹于唇笔所勾勒的轮廓之内，也可用唇刷蘸取适量的唇膏（唇彩）上妆。如想唇膏（唇彩）效果更加持久和饱满，第一次涂完唇膏（唇彩）后，用纸巾轻轻在嘴唇上印一下，然后再重新涂上一层唇膏（唇彩）。

（二）男性民航服务人员化妆的要求

男性民航服务人员在工作时也应进行必要的面部修饰，可着重表现男性的阳刚之气。主要强调肤色的协调性和统一性，表现出皮肤的质感，化妆的重点是强调挺立的鼻梁、浓密的眉毛、丰厚的嘴唇。男性民航服务人员化妆的重点在于干净、自然地体现自身的特点。

二、发型的要求

民航服务人员在选择发型时，要体现庄重而保守的整体风格。女性的发型要以简约、明

快为主；男性不宜使自己的发型过分时尚、前卫，尤其不要标新立异。

（一）女性民航服务人员发型要求

（1）女性民航服务人员可留短发，短发造型不宜奇特。头发长度不能超过衣领。前发须保持在眉毛上方以不挡住眼睛为宜。两侧头发干净利落，服帖。

（2）如果是长发，须将长发束起来，盘于脑后，佩戴统一的头花。从各人的脸形特征来说，长脸不适合高盘发型，因脸长再做高盘发型就增加了头部高度，显得脸形更长，所以长脸人适合于低盘发型。从人的身高来说，高个子的人宜选用低盘发型，矮个子的人适合选择高盘式，而不宜选择低盘式，尤其不要选择不等式和偏重式发型。头发少者可将头发用皮筋扎紧成马尾辫，蓄上假发髻装饰或加些海绵等添加物或在头发根部用纱巾扎束，装满头花网后，再戴上头花。

（二）男性民航服务人员发型要求

男性民航服务人员的发型要做到：前发不覆额，侧发不掩耳，后发不触领。所谓前发不覆额，主要是要求额前的头发不遮盖眼部，即不允许留长刘海；所谓侧发不掩耳，主要是要求两侧的鬓角不长于耳朵中部，即不应当蓄留鬓角；所谓后发不触领，则主要是脑后的头发不宜长至衬衣的衣领，免得将通常为白色的衣领弄脏。为了保持自己的短发，应根据头发生长的规律，每半个月左右修理一次头发。

三、首饰的佩戴

人们从事的职业不同，反映在爱好、情趣气质、着装打扮上，也必然会有一定的差异，有人称之为职业特征。正因如此，人们自然会选择适合自己职业特点的首饰，以便更好地表现自己的特有形象。民航服务人员工作时一般允许佩戴的首饰为：耳钉、戒指、手表，不能佩戴手链、手镯、脚链等装饰物。

1. 耳钉

讲究成对佩戴，即每只耳朵佩戴一只，不宜在一只耳朵上同时戴多只耳钉，耳钉样式最好是保守的，镶嵌物直径不宜超过 5 毫米。

2. 戒指

戴戒指时，一般讲究戴在左手之上，而且最好仅带一枚。无名指上的婚戒及订婚戒设计要简单，镶嵌物直径不宜超过 5 毫米。

3. 手表

在正式场合所戴的手表的款式应简洁、大方，刻度明显（时针、分针），表带最好是金属或皮制的，宽度不超过 2 厘米，颜色限制在黑、棕、蓝、灰。一般不允许佩戴休闲、卡通及带有装饰物的手表。

牛刀小试

1. 作为即将踏上工作岗位的航空服务人员,面对琳琅满目的化妆品和化妆工具,如何才能够化一个得体的职业妆呢?请以 2 人为一小组,根据自身的容貌特点和职业要求,结合个人化妆用品,化一个得体的妆容,并互相点评。

提示:底妆的均匀度;眉形的塑造;眼妆的色彩搭配;与自身形象气质的协调。

2. 小唯是一位航空服务人员,她面容白皙,身材高挑,瓜子脸形,大眼睛,披肩长发。请根据这些信息为小唯设计一款盘发的发型。如果个头较矮如何设计?如果是长脸形如何设计?如果是圆脸型如何设计?……

提示:根据不同的脸形、身高进行盘发设计。

任务二 民航服务人员着装的要求

一、职业装

服饰是人体的外在包装,它包括衣、裤、裙、帽、袜、手套及各种装饰物。服饰是一种无声的语言,它体现了一个人的个性、身份、涵养及其心理状态,直接代表了一个人的品格。民航服务人员的工作装既关系到个人的形象又代表着航空公司的形象,所以民航服务人员在执行工作任务时必须遵守航空公司有关服饰的规定,做到工作时按规定着装。民航服务人员在着工作装时,必须保持制服干净整洁,应将制服熨烫平整,不允许出现皱纹、残破、污渍、脏物和异味,干净整洁的服装会给旅客带来清新舒服的感觉(图 5-8)。

图 5-8 民航服务人员服饰

案例

小王是中国深圳航空公司的一名乘务人员,飞机马上就要起飞了,小王在检查制服时发现丝袜有点脱丝。但走时匆忙没有带备用丝袜,她只能硬着头皮为旅客服务。服务结束后,乘务长批评了小王。

请问乘务长为什么批评小王?

（一）女性民航服务人员穿着职业装的要求

女性民航服务人员着制服时，必须扣好纽扣，将衬衣下摆系入裙子或裤子中；工作证佩戴在衬衣、制服的胸前侧；胸牌佩戴在制服左上侧距肩线15厘米居中处（图5-9）。

客舱乘务员戴帽子时，帽子应戴在眉上方1～2指处；着大衣时必须扣好纽扣、系好腰带；客舱乘务员登机后将工作证和帽子摘掉；供餐饮服务时穿戴围裙，保持围裙整洁。

（二）男性民航服务人员穿着职业装的要求

男性民航服务人员着制服时，衬衣需扣好纽扣，将衬衣下摆系入裤子中；不能袒胸露背、高卷袖筒、挽起裤腿；应佩戴领带、肩章；裤子应熨烫平整，保持干净、整洁；皮鞋保持光亮；工作证佩戴在衬衣、制服的胸前侧。胸牌佩戴在制服左上侧距肩线15厘米居中处（图5-10）。

图5-9　女性民航服务人员着装　　图5-10　男性民航服务人员着装

客舱乘务员着风衣、大衣时需扣好纽扣，并佩戴手套、帽子；客舱乘务员登机后将工作证和帽子摘掉；在服务时可穿马甲。

 充电站

汉莎航空空乘人员身着巴伐利亚传统服饰庆祝啤酒节

为了庆祝啤酒节，德国汉莎航空空乘人员换上了传统民族服饰（图5-11），从慕尼黑出发飞往世界各地，展现这一独特的巴伐利亚文化。

空乘人员身着民族服饰提供空中服务是汉莎航空的一项优良传统。这一传统深受乘客欢迎，反响非常热烈。女性空乘人员设计的啤酒节连衣裙采用汉莎具有标志性的黄色、蓝色和白色，紧身胸衣为黄色，上面印有蓝色印花。裙子则为蓝白条相间，并配以蓝色丝质围裙。男性空乘人员则身着传统皮裤，搭配阿尔卑斯风格的夹克及马甲，领带则与女性空乘人员裙装的配色一致。

（1）　　　　　　　　　　　　　　（2）

图 5-11　传统民族服饰

二、装饰物

1. 帽子

穿着春、秋、冬装制服、风衣、大衣送客时，一般需佩戴帽子。帽徽要端正且正对鼻梁，帽檐不遮眉，在眉上方的 1～2 指处。

2. 丝巾

一般穿着春、秋、冬装必须佩戴丝巾，要保持丝巾颜色鲜艳、干净整洁、熨烫平整，出现褪色要及时更换。

3. 围巾

女性民航服务人员穿着冬装大衣时必须佩戴围巾，要保持围巾颜色鲜艳、干净整洁、熨烫平整。

4. 名牌

将刻有自己名字的名牌佩戴于左胸上侧，距肩线 15 厘米居中处。

5. 工作鞋

穿着职业装时，一定要穿黑色工作皮鞋，工作皮鞋要保持干净光亮、无破损。

6. 丝袜（袜子）

（1）通常丝袜的颜色为肉色、灰色、黑色。工作时应多备一双丝袜，一旦出现脱丝应及时更换。

（2）男士着袜应以黑、蓝、灰等深色为宜。

7. 发饰

应佩戴蓝色或黑色的发饰，发网必须是黑色的，盘发髻时要使用隐形发网。如果需要佩戴发卡，以黑色为宜，发卡上不能有任何的装饰物，佩戴发卡的总数量一般不要超过 4 枚。

 充电站

亚洲航空公司服饰

　　航空业是一种非常具有代表性的行业，它所提供的是一种高水准的服务，代表的是一种高素质的形象。作为最具代表性的服务业之一，它对自身的形象包装尤其重视，特别是"空中小姐"已经成为航空业出色的形象代言人。航空制服作为企业形象策划的重要组成部分，一直广受关注，它树立的是一种良好的公众广告形象。

　　民航制服除了要体现行业风格之外，通常还要代表不同国家、不同民族或各省、各地区的不同风情特色，它的意义在于不仅能展示航空公司的风格，还从一个侧面反映了一个国家、一个地区的精神风貌。世界各国都很重视民航服务人员服装的设计，力求将民航制服与机场、客舱环境和航空服务理念融于一体，以给旅客留下深刻的印象。

　　员工的着装成功与否直接表现出一个航空公司的服务水准与风格独特的设计和包装。在某种程度上，已成为商业竞争的一大制胜法宝。

　　1．日本航空

　　小西服搭配白衬衫，一款素雅的丝巾系在颈间，整套制服自然大方，职业气质凸显（图5-12）。

　　2．新加坡航空

　　新加坡航空公司的服饰非常特别，有着浓郁的东南亚风情。衣服使用宝蓝色的蜡染布料，上面用金丝彩线绣上繁复的美丽图案。上身是圆领收腰的传统款式，下身的裙装长至脚踝，而且脚上穿着拖鞋，再搭配较为亮丽的妆容，会让人感觉特别有女人的韵味（图5-13）。

（1）　　　　　（2）

　图5-12　日本航空公司服饰　　　　图5-13　新加坡航空公司服饰

3．阿联酋航空

阿联酋航空客舱服务员的妆容服饰都很特别，整身制服都是卡其色，里面配有白色的衬衣。配着深红色的帽子，帽子上会垂下来一小块中东风情的白色面纱。无论是哪种肤色的客舱乘务员，都会把自己的脸涂得特别白，再涂上艳丽鲜红的口红，体现出一种独特的风格（图5-14）。

4．大韩航空

2005年大韩航空更换其女性乘务员制服，仍采用了裙装和裤装两种式样。新制服改变了以往的红色和深蓝色基调，采用天蓝色和米色为基本色调，给人以优雅柔和的感觉。新制服还很重视在发卡、丝巾等细节上的设计，具有时尚感和个人气质，充分体现了韩国女性的优雅与美丽（图5-15）。

（1）　　　　　　　（2）

图5-14　阿联酋航空公司服饰　　　图5-15　大韩航空公司服饰

 牛刀小试

1．学习了民航服务人员的形象礼仪后，以5～6人为一小组，穿着不同航空公司的制服进行展示，其他同学点评。

提示：制服干净平整；工作鞋干净光亮；帽子佩戴规范；与工作装相适应的丝巾、名牌、袜子等着装的细节要特别注意。

2．教师节要到了，航空服务专业的同学决定为老师们表演一场"航空制服展示秀"。请以5～6人为一小组，展示迎宾装、夏装、春秋装、送餐装。

提示：妆容得体、发型规范、着装整洁，符合工作场景要求。

 思考与练习

1．根据民航服务人员的职业特点，简述民航服务人员工作妆的基本要求。

2．民航服务人员的发型有哪些要求？

3．民航服务人员的佩戴首饰的注意事项有哪些？

4．民航服务人员的工作装有哪些要求？

5．案例分析：王先生第一次乘坐新加坡航空公司的航班。走进客舱，他眼前一亮，感觉乘务员的服饰非常特别。宝蓝色的蜡染布料，上面用金丝彩线绣上繁复的美丽图案，上衣是圆领收腰的传统款式，下身的裙装长至脚踝，而且脚上穿着拖鞋。

（1）请你为王先生介绍一下新加坡航空公司的服饰特点。

（2）春节期间，各大航空公司都开通了"春节包机"。以新加坡航空公司的特色制服为例，结合我国的传统服饰特点，试着以"喜庆、方便、实用"为原则，为航空服务人员设计一款节日特色制服，并注意配饰的选择与搭配。

项目六　特殊旅客的服务礼仪

■ 学习目标

1. 了解特殊旅客的种类和范围。
2. 了解重要旅客的分类标准。
3. 掌握重要旅客的需求特点。
4. 掌握不同类型的特殊旅客的需求特点及运输要求。
5. 理解不同类型特殊旅客的接收规定。
6. 理解不同旅客的特点并提供针对性服务。

礼仪警句

◆ 礼貌使有礼貌的人喜悦，也使那些受人以礼貌相待的人们喜悦。

——孟德斯鸠

任务导入

紧张有序的"空中救护"

　　某日，中国南方航空公司青岛至深圳的航班上发生了这样一件平常却感人的事情。在飞机起飞后，乘务组像往常一样为旅客提供餐饮等客舱服务，旅客们安静舒适地享受着温馨的"空中之旅"。一小时左右，中舱乘务员刘俊洁到前舱报告乘务长刘超：43 C 座有一位老人感觉身体严重不适，脸色发白，头冒冷汗。乘务长立即指示 3 号乘务员马伯乐进行客舱广播寻找医生，并马上赶到 43 C 座，指派后舱乘务员田思思取下 7.46 HJK 机载氧气瓶备用，让乘务员刘俊洁去头等舱取一个枕头，其他组员保证好其他旅客的客舱服务。乘务长刘超询问老人是否有心脏病、高血压及其他病史，并为老人吸氧。这时得知客舱内并无医生，乘务长指示 3 号乘务员再次广播寻找医生，同时为老人空出一排座位休息，让乘务员田思思在老人身边陪同、看护、观察氧气瓶用量及剩余情况，乘务长又及时将具体情况上报机长，得到机长指示随时观察该旅客情况，如发现老人睡觉要及时叫醒老人询问情况，有事随时报告。经乘务组紧张有序的救护，这位老人最终安全抵达目的地。

特殊旅客指需要给予特别礼遇和照顾的旅客，或由于其身体和精神需要给予特殊照料，或在一定条件下才能运输的旅客。特殊旅客包括：重要旅客和年龄超过 70 周岁以上的旅客，12 周岁以下的无成人陪伴儿童、病残、孕妇、盲人、聋哑、醉酒旅客、犯人等。

任务一　重要旅客服务礼仪

案例

　　几乎所有的航空公司、机场，都设有专门接待重要旅客的"要客部"。在获悉要客要来的当下，一个 VIP 保障预案就已经启动，分工之细，程序之多，非一般人所能想象。民航局规定，要客订座、购票，应该优先保证。对于一些特别的要客，航空公司高层要亲自迎送，有的会亲自驾驶飞机。负责培养 VIP 航班乘务人才的质量管理室，会按照"业务精湛，政治过硬"的标准展开乘务组人员的预先选拔和培训。在几个小时的飞行中，要努力为要客提供顶级的 VVIP 服务。凡是要客乘坐的航班，不得随意取消或变更，而让有要客的飞机先飞起来，也是多年来的原则。事实上，把重要的旅客服务好已是航空部门持续多年的任务（图6-1）。那么，这些重要旅客都是哪些人呢？

（1）

（2）

图 6-1　重要旅客服务

　　重要旅客是指旅客的身份、职务重要或知名度高，乘坐飞机时需给予特别礼遇和照顾的旅客。重要旅客是航空运输保证的重点，认真做好重要旅客运输服务工作是民航运输部门的一项重要工作。原民航总局（现为中国民用航空局）《关于重要旅客乘坐民航班机运输服务工作的规定》（1994 年修正）中如下规定重要旅客范围。

一、重要旅客的范围

　　（1）省、部级（含副职）以上的负责人。

（2）军队在职正军职少将以上的负责人。

（3）公使、大使级外交使节。

（4）由各部、委以上单位或我驻外使、领馆提出要求按重要旅客接待的客人。

二、重要旅客的分类

（一）最重要旅客（VVIP—Very Very Important Person）

中共中央总书记、中央政治局常委、委员、候补委员；国家主席；国家副主席；全国人大常委会委员长、副委员长；国务院总理、副总理、国务委员；全国政协主席、副主席；中央军委主席、副主席；最高人民检察院检察长；最高人民法院院长。外国国家元首、政府首脑、议会议长及副议长、联合国秘书长、国家指定保密要客。

（二）一般重要旅客（VIP—Very Important Person）

省部级（含副职）党政负责人、在职军级少将（含）以上军队领导；国家武警、公安、消防部队主要领导；港、澳特别行政区政府首席执行领导。外国政府部长（含副职）、国际组织（包括联合国、国际民航组织）的领导、外国大使和公使级外交使节。由省部级（含）以上单位或我国驻外使领馆提出要求按 VIP 接待的客人。著名科学家、中国科学院院士、社会活动家、社会上具有重要影响的人士等。

（三）工商界重要旅客（CIP—Commercially Important Person）

VVIP 的亲属；中国十大功勋企业家、国内知名企业和省内大型企业的主要领导；工商界、经济界具有重要影响的人士。国家级各证券、金融机构的省级分支机构、直属分支机构的主要领导；金融界具有重要影响的人士以及集团领导指定的要客、与公司有重要业务关系单位的领导等。

 充电站

重要旅客服务保障原则

（1）重要旅客信息安全保密，尽量缩小知密范围。

（2）重要旅客优先于其他旅客。

（3）重要旅客服务零投诉。

（4）重要旅客实行专人服务，各级值班领导到现场指挥。

（5）重要旅客服务保障情况留底存档。

（6）VVIP 乘坐的航班严禁载运押送犯罪嫌疑人、精神病患者，不得载运危险物品。

7．由形象气质好、服务意识强、业务技能精通的优秀服务人员为要客提供优质服务，有较强的中英文交流能力和应急协调能力。

三、重要旅客的心理需求与服务技巧

"知彼知己，百战不殆"，要为客人提供全方位的尽善尽美的服务，前提是了解旅客，善于揣摩旅客的心理，预见其心理需求。重要旅客有怎样的心理特点呢？

（一）心理特点

有一定身份和地位的重要旅客比较典型的心理特点是自尊心强，自我意识强烈，希望得到应有的尊重；与普通旅客相比较，他们更注重环境的舒适和接受服务时心理上的感觉；由于乘坐飞机的机会可能比较多，他们会在乘机的过程中对不同航空公司的机上服务有一些比较。

（二）服务技巧

1．做好航前准备

了解重要旅客的有关情况，如爱好、饮食习惯、生活要求，以便做好服务的准备工作。了解所飞航线的特点、风土人情、航线地标等常识，在飞行途中拉近与旅客的距离，更好地为旅客提供周到、个性化的服务。例如，海南航空公司的客舱乘务人员在一篇公司宣传稿中回忆，他们曾发现一位重要领导对部分食物过敏，在一次包机任务中为他特制了清淡的餐食，让旅客倍感惊喜。

2．记住重要旅客的姓名

我们每天都会遇见许多张面孔，初次见面时热烈地寒暄，互递名片，亲切得如同老友，可是一转身，却再也想不起来对方的名字。对服务员来说，记住旅客的名字就容易获得好感，让旅客有受到尊重的感觉。无论是在专柜为旅客办理乘机手续、托运行李这些杂事，还是在机场贵宾休息室服务，如果能在第一时间准确无误地叫出旅客的姓氏及职务，服务便成功了一半。

 充电站

重要旅客查验证件的要求

（1）双手接过旅客证件及机票，动作要快速、准确。

（2）一般身份证件8秒以内，护照30秒以内查验完毕。

（3）在查验旅客护照或机票时开始对旅客使用姓氏职务称呼。

3．善用尊称

在提供服务的过程中，我们始终要用尊称称呼服务对象。善用尊称要求我们尽量了解旅客所处国家和地区的习惯性称谓，用他们熟悉而不是我们认为合理的称谓来称呼旅客。同时，还必须了解在称谓上的一些禁忌，以避免由于我们不得体的称呼而导致的不满。如在中国，不能直呼祖先和长辈的名字，即使同辈人之间，也一般不直呼其名。在必须问到对方名字时，还得客气地说："请问尊姓大名？"或"请问贵姓？"等。称呼女性，如果对方是已婚，可以称呼"太太"或"夫人"；如果不明确对方的婚姻状况，可以用"女士"来称呼她。

4．态度热情，言语得体，落落大方

随着社会物质、文明程度的不断提高，我们对服务概念的理解，还应延伸为"服务即保护客户的自尊并给足客户面子"，在为旅客提供周到的物质服务的前提下，更应注重与旅客精神上的沟通、言语上的交流，使客人的整个旅行都沉浸在愉悦的心情中。

 充电站

重要旅客的迎宾要求

（1）十步微笑：在距离旅客十步左右，服务人员应接触旅客的眼神，展示微笑。

（2）五步问候：在距离旅客五步左右，服务人员应起立，主动问好。

5．服务不在多而在于恰到好处

以客为本，使之感受到尊重、关照与呵护，要提供旅客真正需要的服务，要避免服务的任务化、机械化，只有这样才能得到旅客的认可。因此，乘务员在执飞长航线时要加强客舱的巡视，一是可以时时知晓和满足旅客的需求，二是可以整理客舱和洗手间，保持良好的客舱环境，三是可以加强对客舱安全的监控和保护。例如，如果飞行旅途中旅客想好好休息一下，乘务员则应最大限度地保持安静，客舱巡视时要轻，不要发出刺耳的噪声。

6．告别时多一句祝福的话语

经过几个小时的飞行，飞机缓缓降落。按规定，要客会先走。原民航总局规定：贴有"VIP"标志牌的行李应放置在靠近舱门口的位置，以便到达后优先卸机。旅客下机过程，也是我们让旅客留住美好体验的重要环节。多一句真诚的祝福，便可以保持善始善终的尊重。

 牛刀小试

　　小唯是"国航"全国青年文明号"蓝色旅途"乘务组的乘务长，她带领的乘务组工作认真细致，服务热情周到，多次受到旅客的赞扬，并承担重大接待任务。一次，她们又要在曼谷—拉萨的航班上为泰国总商会的会长杨先生提供服

务。经过周密的航前准备后，迎来了她们的贵宾。当杨会长登机的时候，乘务员甜美的微笑、热情的问候、得体的称呼、规范的合十礼让会长很满意。

登机后，杨会长提出不想用餐，要休息一下。如果你是小唯，该怎样做？_____

待小唯检查完经济舱服务返回头等舱时，杨会长已经睡醒并在看报纸了。小唯看到他的小桌板上的茶杯里只剩下了半杯茶。如果你是小唯，该怎样做？怎样说？_____小唯细微的服务和关切的语言令杨会长倍感温馨。征询会长的意见后，小唯送上可口的点心餐。

航班即将结束时，杨会长对乘务组所提供的贴心、温馨服务给予了高度评价。

请以3人为一小组分角色模拟练习，并相互点评。

提示：重要旅客的服务原则；了解泰国旅客的宗教信仰、礼仪特点；服务中，注意一般行为礼仪、仪态礼仪、形象礼仪及语言礼仪的得体运用。

任务二　婴儿、儿童与孕妇服务礼仪

案例

孩子马上就要放暑假了，王女士想把6岁的小雨送到远在新疆的奶奶家住一段时间，可是王女士和她的丈夫工作都很忙，请不了假，不能亲自送孩子去，这可难倒了王女士。一次偶然的机会，王女士听说航空公司有"托运"小孩的服务（图6-2），马上打电话到中国南方航空公司。于是，就有了下面的对话：

王女士："你好，我想问一下，'托运'小孩怎么办理？"

南航服务员："请问是小朋友单独乘机出行，对吗？"

王女士："哦，对，是小孩自己坐飞机，该怎么办理？"

图6-2　托运儿童服务

一、"无成人陪伴儿童"的范围

"无成人陪伴儿童"是近年来民航延伸的服务内容，为使儿童能独自乘机旅行而推出的一项特色服务。所谓"无成人陪伴儿童"是指年龄在5周岁到12周岁的无成人陪伴，单独乘机的儿童。年龄在5周岁以下的无成人陪伴儿童不予承运。

　　自推出"无成人陪伴儿童"服务以来，我国各大航空公司已经安全运输了数万名儿童，大大方便了那些因工作忙无法脱身而孩子又必须乘坐飞机旅行的家长，节约了家长陪伴儿童外出的交通费用，从而受到社会各界的一致好评。每年寒暑假，大批胸前挂有标志牌的小旅客千里"走单骑"，成为航班上的独特风景。

二、"无成人陪伴儿童"的服务礼仪

 充电站

无成人陪伴儿童的运输条件

　　（1）儿童须有监护人送到上机地点，并在下机地点安排放心的人员迎接。

　　（2）儿童的监护人填写一份《无成人陪伴儿童乘机申请书》。

　　（3）办理机票或者乘机时要带上儿童的身份证、户口本或护照等有效证件。

　　（4）有些航空公司在对待办理无成人陪伴儿童手续的时间上是有限制的，如有些航空公司须航班起飞前一星期申请，有的航空公司则只需3天。

　　无成人陪伴儿童的心理特点是性格活泼，天真幼稚，善于模仿，判断能力较差，做事不考虑后果，往往会发生一些不安全因素。鉴于儿童旅客的这些特点，服务员在服务时要注意：

　　（1）航前的准备工作要细致。了解儿童旅客的特殊要求，如为其准备一些儿童读物、玩具或纪念品。重点关注人身安全。

　　（2）候机及登机服务要全程陪伴，可安排儿童先于其他旅客登机。单个无人陪伴儿童应尽可能安排在前排过道座位，多名无人陪伴儿童应集中安排在便于客舱乘务员照料的适当的前排座位。但不得安排在飞机的紧急出口。在儿童乘机过程中，标志牌应别在儿童的胸前，存放客票、《无成人陪伴儿童乘机申请书》以及旅行证件等运输凭证的文件袋挂在儿童胸前。

　　（3）航程中，为了让这些孩子不会感到陌生、害怕、担心，乘务员们在做好本职工作的同时，还将扮演诸如老师、家长、朋友、姐姐或哥哥的多重角色，照顾好他们吃、喝，包括上卫生间等需求，事无巨细（图6-3）。特别在飞机起飞、下降时注意防止小旅客到

图6-3　乘务员照顾儿童

处乱跑，提醒和帮助他们系好安全带。餐食一般不提供热饮，饮料倒 1/2，以防止他们碰洒。

（4）下飞机时，交给文件上注明的接机人员，并让其签名后才能将孩子接出。

总之，对于儿童旅客的服务，乘务员们将要付出更多于其他旅客的精力和耐心。

三、孕妇旅客的服务礼仪

由于在高空飞行，空气中氧气成分相对减少，气压降低，因此孕妇运输有一定的限制条件（图 6-4）。

图 6-4　孕妇运输条件限制

（一）孕妇旅客的范围

（1）怀孕 32 周以内的孕妇乘机，除医生诊断不适宜乘机外，可按一般旅客运输。

（2）怀孕超过 32 周的孕妇乘机，应提供包括下列内容的医生诊断证明：① 旅客姓名、年龄；② 怀孕时间；③ 旅行的航程和日期；④ 是否适宜乘机；⑤ 在机上是否需要提供其他特殊照料等。

（3）怀孕超过 9 个月（36 周），预产期在 4 周以内，或预产期不确定但已知为多胎分娩或预计有分娩并发症者，不予承运。

（4）出生不超过 14 天的婴儿不允许乘机。

（二）孕妇旅客的服务礼仪

孕妇旅客往往把得到别人的照顾和关注看作比较自然的事情。在为其提供服务时注意：

（1）登机时，主动帮其提拿、安放随身物品。

（2）孕妇的座位应安排在较宽敞和便于乘务员照顾的座位（如靠近舱门的位置）上，但

不得安排在飞机紧急出口座位。

（3）主动介绍客舱设备的使用，送一个小枕头放在其身后，调整通风口，不要让其受凉。

4．旅途中随时了解其情况并给予照顾。

 充电站

你知道吗？

妊娠期的孕妇及新生婴儿身体抵抗力较差，气压的变化容易引起生理及心理上的不适，同时新生婴儿呼吸功能不完善，咽鼓管又较短，鼻咽部常有黏液阻塞，气压变化时新生婴儿又不会做吞咽动作，难以保持鼓膜内外压力的平衡，因此航空公司规定：不足14天的新生婴儿、孕期超过9个月的孕妇不能乘机。

 牛刀小试

1．某日，已有9个月身孕的女性旅客冯某在家人的陪伴下乘坐MU2652航班回老家待产。不想突然空中临产，机上乘务人员紧急处置：4名空姐为其接生，机长紧急呼叫地面，飞机紧急降落武汉天河国际机场。最后婴儿顺利降生，母子平安。谈谈你对客舱服务的看法。

2．孕妇乘机出现状况屡见不鲜，如由南京返回长沙航班上一名29岁的孕妇突然空中临盆产子，飞机紧急备降。因抢救及时，母子均告平安；一位怀孕38周的孕妇执意乘飞机出行，为避免胎儿出现意外，乘务长耐心规劝，这位准妈妈在航空公司工作人员劝说下放弃登机，结果导致航班延误半小时；怀孕近8个月的韩裔美国孕妇在客机升空8小时30分钟后，因腹痛向空姐求助，4名乘务员临时组成了"助产小组"帮助接生。

虽然事情的结局都算圆满，但我们不能忽视其中的一个重要问题——旅客隐瞒孕期时间搭乘飞机有违民航安全规定！

你知道孕妇搭乘飞机的规定吗？

任务三 病残旅客服务礼仪

案例

朱女士是一位高位截瘫人士，出行必须依靠轮椅。某日，得知外公去世消息的朱女士托朋友为自己购买了一张成都航空 10 月 8 日早上起飞的机票。第二天一早，到达机场顺利办理了值机，通过安检的朱女士却在登机口被工作人员拦了下来，并告知她由于没有提前办理特殊服务申请，拒绝让其登机。

"他说因为我有个轮椅，没有提前 48 小时提出申请，所以不让我登机。"而朱女士提出临时申请，则被工作人员告知没有柜台无法办理。朱女士坦言，自己根本无法在 48 小时之前预料到自己的外公会去世，怎么可能提前申请乘机？此后朱女士对成都航空提起诉讼⋯⋯

充电站

《残疾人航空运输管理办法》（以下简称《办法》）第四十三条规定，承运人以视频方式向旅客播放安全须知时，应加注字幕或在画面一角使用手语向听力残疾人进行介绍。承运人在客舱内播放的语音信息应以书面形式提供给听力残疾人。

《办法》第四十四条规定，承运人单独向具备乘机条件的残疾人介绍安全须知时，应尽可能谨慎和不引人注目。

《办法》第四十五条规定，承运人应在客舱内提供由具备乘机条件的残疾人要求的，或承运人提供时其接受的下列服务：协助移动到座位或从座位离开；协助做就餐准备，例如打开包装、识别食品及食品摆放位置；协助使用机上轮椅往返卫生间；协助有部分行走能力的残疾人往返卫生间；协助放置和取回随身携带物品，包括在客舱存放的助残设备。

一、病残旅客的范围

病残旅客是指身体或精神上存在缺陷或病态，在航空旅行中不能自行照料自己的旅途生活，需由他人帮助照料的旅客。

乘坐飞机的病残旅客主要分为以下几种：身体患病、精神病患者、失明旅客、肢体伤残、担架旅客、轮椅旅客（图 6-5）、需使用机上氧气设备的旅客。

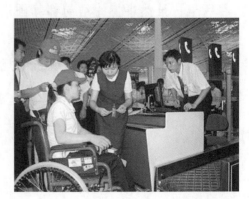

图 6-5 轮椅旅客

二、病残旅客的接受条件

目前，除非旅客得到特批外，航空公司不承运需要持续输血、输氧、输液以维持生命或垂危的病人。一般航空公司规定接受病残旅客需具备下列条件：

（一）诊断书

（1）病残旅客要求乘机，须有医生认可，同时交验“诊断书”一式三份：“诊断书”需由县、市级或相当于这一级的医疗单位填写旅客的病情及诊断结果，并经医生签字、医疗单位盖章。如需使用机上氧气瓶，还需注明旅客所需氧气的流量。

（2）“诊断书”在航班起飞前96小时以内填开的方为有效，病情严重的旅客，则应具备航班起飞前48小时之内填开的“诊断书”。

（二）特殊（病残）旅客乘机申请书

（1）病残旅客要求乘坐航班，需填写《特殊（病残）旅客乘机申请书》一式三份，以表明如果旅客在旅途中病情加重、死亡或给其他人造成伤害时，由申请人承担全部责任。

（2）《特殊（病残）旅客乘机申请书》应由旅客本人签字，如本人书写困难，也可以由其家属或监护人代签。

中国南方航空公司

特殊旅客（　　　　　）乘机申请书

中国南方航空公司__________________售票服务处

为乘坐中国南方航空公司下列航班，我愿声明如下：鉴于我个人的健康状况，在旅途中由此给本人或其他人造成身体上的损害或死亡，完全由我个人承担责任及损失，并保证不向中国南方航空公司及所属人员或代理人要求赔偿或提出诉讼。

旅客姓名：		
住址（或单位名称）		
航班号 / 日期	始发站	到达站

健康状况：

（附诊断证明书 / 医生证明）

旅客签字：____________________

年　　月　　日

充电站

无陪伴人员，需要他人协助的残疾人数

（1）航班座位数为51～100个时，不得超过2名（含2名）。

（2）航班座位数为101～200个时，不得超过4名（含4名）。

（3）航班座位数为 201～400 个时，不得超过 6 名（含 6 名）。

（4）航班座位数为 400 个以上时，不得超过 8 名（含 8 名）。

（5）载运残疾人数超过上述规定时，应按 1∶1 的比例增加陪伴人员，但残疾人数最多不得超过上述规定的一倍。

（6）载运残疾人团体时，在增加陪伴人员的前提下，承运人采取相应措施，可酌情增加残疾人乘机数量。除本条规定外，承运人不得以航班上限制残疾人人数为由，拒绝运输具备乘机条件的残疾人。

三、病残旅客的心理需求与服务礼仪

这些旅客往往自理能力差，有特殊困难，需要别人的帮助，但是自尊心很强，不愿开口请求服务人员帮忙。因此，服务员为其服务时要特别尊重他们，悄悄地帮助他们，让他们感到温暖。下面介绍几种病残旅客的服务注意事项：

1. 伤残旅客的服务

在上下飞机时，主动帮助伤残旅客提拿行李，安放好随身携带的物品；安排座位时，要考虑舒适、安全和上下飞机方便，最好安排在两个紧急出口中间的位置。旅客入座后，主动为其送上毛毯或枕头，系好安全带，并示范解开方法；航程中，主动为其送上书报杂志，留心观察旅客是否需要帮助；供应餐食时，帮旅客放好小桌子，主动征求意见，方便旅客进食。对于轮椅旅客，服务员更要及时、细心地给予照顾。与其交谈时，语调要舒缓柔和，语句要简明扼要。

2. 盲人旅客的服务

迎客登机时，主动上前做自我介绍；征得旅客同意后方可搀扶旅客，遇到障碍物要及时提醒客人并随时提示行动方向；盲人旅客的座位应安排在靠乘务员和靠窗口并尽可能靠近盥洗室的位置，但不得安排在紧急出口处。旅客就座后，帮助安排好行李物品，系好安全带并告诉解开的方法；带其触摸各种服务设备的位置并教会使用方法，同时介绍紧急设备的方向、位置及使用方法；航程中供应餐食和饮料时，把食物的位置告诉旅客；下机时，一般情况下应安排盲人旅客最后下飞机。提供引导等必要的服务，协助其办理到达手续。

3. 聋哑旅客的服务

旅客登机后，服务员要向他们示意安全带的使用方法，座椅的调节，阅读灯、呼叫铃、耳机和按钮的位置。聋哑旅客多数会读口型，因此服务员与其交谈时应面对旅客，放慢说话的速度，必要时借助手势或符号来表达，但必须注意手势礼节。

4. 担架旅客的服务

得知有担架旅客乘机时，要事先了解其病症情况、抵达站，有无医护人员陪同，担架是否随机以及是否有特殊要求，做到心中有数：

（1）应安排旅客最先登机，最后下机。

（2）安排座位时，一般应靠近客舱门，靠近厕所，选择过道座位，不影响过往通行。

（3）飞行中，注意照顾病人，常观察，常询问，根据情况妥善照顾。

（4）供应饮料和餐食时，要与病人或陪同人员商量，也可协助进食。

（5）飞机下降时，检查病人是否系好安全带，提醒病人躺好，扶稳病人和担架，提醒旅客防止耳朵的不适感。

（6）下飞机时，协助旅客整理物品，帮助提拿物品，护送病人下飞机及上车。

5．晕机旅客的服务

晕机旅客大多数有不愿让人知道的心理。因此，服务中应主动观察，轻声询问，发现有晕机现象的旅客，应加以照顾。先请晕机的旅客松开领带和安全带，调整座椅靠背，为旅客打开通风器，打开清洁袋，及时送上温开水和毛巾，必要时在征求旅客同意的情况下，提供晕机药品。

旅客呕吐时，不可嫌弃，可轻声安慰旅客。及时更换清洁袋，呕吐后及时送上温开水和毛巾，擦拭被弄脏的衣服、行李或毛毯。对于晕机严重的旅客，应提供氧气。

 牛刀小试

1．2019 年中国北京世界园艺博览会期间，南方航空公司的航班上搭载了一些前来参加博览会的残疾旅客。

（1）面对其中的一位聋哑旅客，如果你是乘务员，该如何提供迎宾服务？

（2）如果面对的旅客是一位盲人呢，该如何提供迎宾服务？

2．某日，桑女士在福州登机时提出了落地使用自己轮椅，由于工作疏忽，首都机场的地面服务人员并未收到该消息，只提供了简易轮椅，拿取行李的环节又出现偏差，导致桑女士迟迟无法下飞机，随之下一航班延误。现场不少人认为桑女士这是在故意为难机场服务人员。

桑女士解释说，自己不是一般的截瘫，虽然看起来能够好好地坐在轮椅上，都是因为自己特制的轮椅可以更好地支撑身体，舒适而且安稳，不用考虑在轮椅上发生危险。而机场的轮椅没有保护带，并且坐垫和靠背都是软的，对于受伤位置高的人来说一旦身体痉挛就容易从轮椅上掉下来，"不是我拒绝坐机场的轮椅，而是太危险"。

针对这次"轮椅"事件，东航以此次事件为契机，改进特殊旅客乘机的相应服务措施，在信息和语言沟通、服务的灵活和应变能力方面对员工进行了相应的培训。

思考：针对这一事件，谈谈你的看法。

任务四　其他旅客服务礼仪

案例

马德里—北京航班中有一名 82 岁的老年旅客单独乘机，飞行中，乘务组为其更换了宽敞的座位，对老人的餐饮、身体状况重点特殊照顾，乘务员时不时找老年旅客说说话，了解他的需求，缓解他单独乘机的孤独感，还帮助他上了几次厕所。老人很高兴，对乘务员的服务很满意（图 6-6）。但困难还是来了，老人到北京后要转机青岛，有托运行李，国际转国内，偌大的候机楼，繁多的手续对老人来说确实很难。乘务长联系地服，由于大清早，或其他原因而联系不上。老人人生地不熟，动作又缓慢，跟不上其他的旅客。于是一男乘务员扶着老人慢慢走，安慰他不要着急，会送他去转机，老人很感激。

图 6-6　老年旅客服务（1）

乘务组对这位乘务员的工作很支持，要他不要着急，带好老人，其他组员会帮他办理手续……

一、老年旅客的心理需求与服务方法

随着年龄的增长，老年人的各种脏器功能都会有不同程度的减退，导致如视力和听力的下降，动作和学习速度减慢，操作能力和反应速度均降低，从而对环境的适应能力下降，加之记忆力和认知功能的减弱和心理改变，常常出现生活自理能力的下降。生理的变化必然带来心理上的变化，针对这些特点，在服务过程中我们一定要仔细，要有耐心，语气要缓，动作要慢、要稳，特别是要尊重老年旅客的意愿。

老年人对周围事物反应较慢，动作缓慢，应变能力较差；有些老人的孤独感增强，内心需要别人的关心和帮助。他们关心航班的安全，关心飞机起飞、降落时带来的不适应感；另外有一些体弱的老年人，有较强的自卑感，样样事情都尽自己最大能力去做，表面上不愿求别人。

针对老年旅客的特点，民航服务人员应注意做到：

（1）地面服务人员主动引导老年旅客至专用柜台，协助老年旅客办理乘机手续。

（2）主动了解老年旅客的服务需求。尤其遇到行走不便，语言理解困难等老年旅客时，服务人员应主动询问其是否需要帮助，并告知可以提供的服务项目，供其选择。

（3）乘机手续办理完成后，地面服务人员引导老年旅客通过安全检查，到达指定候机区候机。开始登机后，老年旅客应优先于其他旅客登机。登机时应主动帮其提拿行李，安放好

随身物品。

（4）根据老年旅客需求安排座位，如无特殊要求，安排在靠前过道座位（非紧急出口座位），协助办理行李托运手续，托运行李优先拴挂行李标签。

（5）登机后主动介绍客舱设备，如洗手间、通风口等，主动告知飞行距离和时间。

（6）航程中，主动嘘寒问暖，多与老人交谈，以消除旅客的孤独感；饮食服务时主动介绍，多推荐热、软的食品（图6-7）。

（7）到达时提醒旅客别忘了自己的随身携带物品，搀扶老人下飞机并交代地面服务人员给予照顾。

（8）与老年旅客说话时声音略大，速度要缓慢。

图6-7　老年旅客服务（2）

 充电站

航空公司对老年旅客乘机的不同规定

（1）南方航空：旅客年满65周岁（含）以上，只需身体健康，行动自如，无特定乘机要求。如果老人身体不适，需要咨询主治医生是否可以乘机。如果医生说可以乘机，必须由主治医生开具可乘机证明的相关文件，并在营业部填写特殊旅客申请表，携带医生开具的可乘机证明及购票证件才可以乘机。

（2）海南航空：老年旅客确认身体健康，如果无须我公司提供特殊服务，且身体健康适宜乘机，视为普通旅客。

（3）东方航空：70周岁以上80周岁以下老人乘机，建议有成人陪同。如果是大于80周岁以上的老人单独乘机，建议有医生开具诊断证明。如果不开具证明，当天机场安检工作人员有权根据老人身体情况拒绝承运。

（4）春秋航空：70岁（含）以上的老年旅客购票，需填制《特殊旅客运输申请表》。70岁（含）以上的老年旅客购票，需要提供180天内的有效乘机证明，或180天内医疗单位盖章和医生签字的《体检证明》。春秋航空有权拒绝运输未提交以上文件的老年旅客。

（5）中国国际航空：目前还没有推出针对老年人的特殊服务。客服人员称对年龄过大的老人不排除会签订免责协议。

二、其他特殊旅客的服务礼仪

（1）犯人旅客的服务：乘务长接到有犯人旅客乘机的通知后，应及时传达给各位乘务人员，尽量避免将犯人的身份暴露给其他旅客。航程中服务员要像对待一般旅客那样对待犯人旅客，乘务人员不得给犯人和护送人员送任何含酒精的饮料，不要向犯人提供具有威胁性的用具。

（2）死亡及旅客休克的服务：飞机起飞前，发现有旅客休克或死亡时，应立即报告机长，停止起飞。空中发现有旅客休克时，应迅速报告机长，并和地面取得联系，请安排好救护车和医务人员。空中发现有旅客死亡，应立即报告机长，保护现场，加盖毛毯，调整周围旅客的座位并填写《死亡报告表》，收集死者的遗物，保留该航班的旅客舱单。落地后，应向有关部门如实汇报死者的情况，并通知卫生部门对客舱进行处理。

总之，为做好特殊旅客的服务，乘务人员应不断强化服务意识，提高服务技巧。想旅客之所想，急旅客之所急，实行贴心式服务，从一点一滴做起，使每一个需要帮助的特殊旅客倍感温馨。

 牛刀小试

航班客满，旅客登机的时候，小唯就注意到有一些旅客比较特殊，有抱孩子的女士，有步履蹒跚的老人。她不敢懈怠，协助他们找到座位，帮老人系上了安全带。她有序地整理行李架上的行李，仔细地进行客舱安全检查。正在这时，传来了孩子的哭声，哭声越来越大，有几位正在休息的客人面有不悦。

（1）如果你是小唯，你该怎样做？

飞机进入平飞状态后，小唯巡视客舱，看看旅客是否还有别的需要。这时，她发现一名男性旅客紧闭双眼，面色苍白，似乎很难受的样子。直觉告诉小唯，旅客晕机了。

（2）如果你是小唯，该如何处理？

（3）如果是低血糖导致的，又该怎么办呢？

提示：应急处理中，秉承"灵活，尊重，真诚"的服务原则；特殊旅客的针对性服务；注意一般行为礼仪、仪态礼仪、形象礼仪及语言礼仪的得体运用。

✈ 思考与练习

1. 列举重要旅客的范围和一般特殊旅客的范围。

2. 重要特殊旅客服务礼仪的基本原则有哪些？

3. 儿童旅客的基本特点是什么？

4. 简述对孕妇旅客的服务要点。

5. 案例分析：2月17日，从沈阳飞往北京的 CZ6115 航班上，地面服务人员送来了一位坐着轮椅的旅客，乘务员该如何提供服务？

项目七　中外民俗与礼仪

1．了解我国主要客源国的民俗与礼仪，了解我国港澳台地区的民俗与礼仪，了解我国主要少数民族的民俗与礼仪。

2．掌握我国主要客源国和我国港澳台地区民俗禁忌、主要少数民族的民俗禁忌。

3．通过对本项目知识的学习，能够针对不同对象提供恰当的服务。能够对各国及我国各民族的民俗禁忌有所理解，并能加以尊重。能够尊重少数民族的民俗禁忌，宣传我国的民族政策。

✈ 礼仪警句

◆ 礼仪又称教养，其本质不过是在交往中对于任何人不表示任何轻视或侮蔑而已，谁能理解并接受了这点，又能同意以上所谈的规则和准则并努力去实行它们，他一定会成为一个有教养的绅士。

——约翰·洛克

任务导入

了解才能尊重

MU553 是中国东方航空公司自上海浦东飞往法国巴黎的航班，机上有位埃及留学生。在配餐时，客舱乘务员小刘错误地把鱼香肉丝套餐盒，当成香菇鸡肉套餐盒递给了这位埃及旅客。但她马上意识到自己冒犯了旅客，于是诚挚地向其道歉，并用右手递上香菇鸡肉套餐盒，同时伸出左手要接回错发的餐盒，埃及旅客刚恢复平和的脸上又堆满了怒容……

同学们，你知道这是为什么吗？

任务一 我国主要客源国的民俗与礼仪

改革开放 40 多年来，我国的国际航空客运线路逐年递增，在为国际旅客提供服务的过程中，空乘服务人员宣传了改革开放的伟大成果，促进了我国与世界各国的经济、文化交流。但由于各国宗教文化背景的不同，表现为民俗禁忌等方面的差异，服务过程中仍出现了一些问题。本任务的知识可以帮助了解我国主要客源国的民俗与礼仪，为提高民航服务水平提供更好的帮助。

一、亚洲地区

（一）日本

1. 概况

日本，全称日本国，意为"日出之国""太阳升起的地方"。居民主要为大和族。首都东京，语言日语，货币日元，国花樱花。主要名胜有富士山、桂离宫、金阁寺、东大寺等。自 1972 年 9 月 29 日中日两国恢复邦交以来，日本已逐渐成为我国旅游业的主要客源国。

2. 宗教信仰

主要信奉佛教、神道教、基督教、天主教，是一个多宗教的国家。

3. 主要习俗

日本受我国传统文化影响深远，至今还保留着浓厚的唐代礼仪、风俗。

日本人十分注重礼貌礼节。待人接物谦恭有礼，通常在见面时互相行鞠躬礼。第二次世界大战以后，握手礼逐渐成为日本人常用的礼节，但通常与对方握手后还要行鞠躬礼，尤其是道别时。

日本盛行送礼，礼品内容数额一般送奇数，通常用 1、3、5、7 等。礼品要选择适当，中国的文房四宝、名人字画、工艺品等最受欢迎，赠送或接受礼品要用双手。

日本人饮食上喜爱口味清淡、少油腻、味鲜带甜的菜肴。爱吃牛肉、海产品、豆腐和各种时鲜蔬菜，但不喜爱吃羊肉和猪内脏。日本人喜爱喝酒，即使喝得大醉，也不视为失礼。日本饮食主要分为 3 种：和食（日本料理）、洋食（西餐）和中餐（中华料理）。

日本人早餐喜食粥、牛奶，再配上面包，午、晚餐的主食为米饭。尤其偏爱吃生蛎肉、生鱼片，这是日本饮食的一大特色。日本人还爱喝酱汤、吃泡菜，用白米饭就酱汤是日本传统的早餐。

4. 禁忌

日本人忌讳"4"和"9"，因为日语中"4"和"9"的发音与"死"和"苦"相同。因

此，赠送礼品、上菜、选择喜庆日子均避开这两个数字。受西方影响，不少人也避开"13"，更忌讳 13 日。

不用梳子做礼品，因为它的发音和"苦死"相同，不吉利。

不用手绢做礼品，因为它会让人联想到擦眼泪，意味着分离。

花类中忌讳荷花，因为在佛教中荷花常出现于丧事中。因此，不送荷花，也不送画有荷花图案的器皿、图画等。

 充电站

日本人为何忌讳荷花

在日本，阳历的 8 月 13 日前后，是盂兰盆节。届时家家都设魂龛、点燃烛火，迎接祖先的灵魂，成为祭奠祖先的特有的活动。他们认为祖先的灵魂将和生者一起生活 4 天，16 日以送魂火的方式把祖先的灵魂送回阴间，即所谓的"放河灯"，就是将用彩纸做成荷花状的灯放入水中。按传统的说法，河灯是为了给那些冤死鬼引路的。灯灭了，河灯也就完成了把冤魂引过奈何桥的任务。因河灯的式样多是荷花形，所以日常生活中日本人忌荷花和荷花的图案。

称呼残疾人时忌用"残疾"之类词语。应称他们为"眼睛不自由的人""腿不自由的人""耳朵不自由的人"等。

见面时忌说"你吃过饭了吗？"之类的话。交谈时忌问青年妇女的年龄及婚配情况。在公共场所忌大声喧哗。笑时也不宜大声笑，妇女往往用手捂嘴微笑。

鞠躬时忌把手插在口袋里。

吃饭时忌将筷子垂直插在米饭中，因为日本人习惯于人死后在其枕边放一满碗米饭，把筷子垂直插在其中。

（二）韩国

1. 概况

韩国，全称大韩民国。全国为单一民族，首都首尔，语言韩语，货币韩元，国花木槿花。主要名胜有景福宫、广寒楼、济州岛等。1992 年 8 月 24 日中韩两国正式建立外交关系。

2. 宗教信仰

韩国人主要信奉佛教、基督教。儒家传统在韩国比较流行，儒家文化对韩国民众有深远的影响。

3. 主要习俗

韩国人十分注重礼节。长幼、上下级、同辈之间的用语有严格区别。尊敬长者、孝顺父母、尊重老师是全社会风俗。上下班时必互致问候。隆重场合或接待贵宾时要低头行礼。对师长和有身份的人递接物品时，要用双手并躬身。年轻人未经许可，不得在长者面前吸烟。到韩国人家中做客，最好带一些鲜花等小礼品。

韩国菜的口味介于中国菜和日本菜之间，常以蛋白质含量高的食物为原料，并多用蔬菜做配料。特色风味菜有：泡菜、烤肉、火锅、汤饭（排骨汤饭、牛肉汤饭、鳕鱼汤饭等）、面食（鸡汤面、冷面等）、生鱼片、生牛肉（在新鲜的牛肉上涂满蛋黄，配以梨和苹果丝）和什锦饭等。传统的酒有浊酒（用大米或糯米酿成）、药酒和烧酒，还有清酒、啤酒和威士忌等。饮酒时喜欢相互敬酒，酒兴之际喜欢唱歌。

4．禁忌

韩国人对国旗、国歌和国花十分珍视，绝不可不敬。禁忌"4"字，因"4"在韩语中与"死"同音。韩国人喜欢单数，不喜欢双数。不能伸一根手指指人，要伸出手掌，掌心向上指示，招呼人过来时手心要向下。客人进门要脱鞋，鞋头应朝内。

（三）泰国

1．概况

泰国，全称泰王国，首都曼谷。泰国是一个由泰族、老族、马来族、高棉族等30多个民族组成的多民族国家。语言为泰语，货币泰铢，国花睡莲。

泰国以具有悠久的历史、丰富多彩的名胜古迹、辽阔的海滩和绮丽的热带风光闻名于世，吸引各国游客。泰国有3万多座古老的寺庙和宫殿，被称为"千佛之国"，为旅游业增添绚丽的色彩。1975年7月1日中泰两国正式建立外交关系。

2．宗教信仰

佛教是泰国的国教，90%以上的居民信仰佛教，马来族信奉伊斯兰教，还有少数居民信奉基督教新教、天主教、印度教和锡克教。几百年来，泰国的风俗习惯、文学艺术和建筑等几乎都和佛教有着密切关系。到泰国旅游，处处可见身披黄色袈裟的僧侣，富丽堂皇的寺院。因此，泰国又有"黄袍佛国"的美名。

3．主要习俗

按古老习俗，泰国的男子成年后必须削发为僧出家一次，国王也不例外。僧侣有许多特权。许多家庭设有单独放置佛像和祭坛的房间，供早晚膜拜。许多人脖子上都系有佛饰，一旦到了被认为是亵渎神明的地方，则要把佛饰解下来，放在怀里。泰国多产象，又称"大象之邦"。白象被视为佛教圣物、佛的化身，只能由王室饲养。

泰国人见面时行合掌礼，即双手合十于胸前，头稍稍低下，互致问候。由于辈分不同，双手合十的位置也不同：晚辈对长辈，双手合十于前额；平辈相见时，双手略为举起至鼻子

高度；长辈对小辈，只要举到胸部高度即可。泰国人也行握手礼，但只在政府官员与知识分子中流行；男女之间不准握手。

泰国人主食为大米，副食以鱼和蔬菜为主。最喜欢的食物是咖喱饭（用大米、肉片或鱼片和青茶调以辣酱做成）。常食鸡粥、甜包、猪油糕等；不吃海参、牛肉。喜爱辣和煎、炸、炒的菜肴，不爱红烧、甜味的菜肴，日常以鱼虾为小菜。泰国人就餐时，习惯屈膝围桌跪坐，不用筷子，而是用手抓着吃。

4．禁忌

泰国人重视头部，轻视双脚，不能随便摸人的脑袋，小孩子的头也不能摸，否则是对人的不恭。长辈在场时，晚辈必须坐在地上或跪坐，以免高于长辈头部。不能将物品从别人头部掠过。睡觉时不能头朝西。忌用脚指物品、踢门，不能盘腿而坐，不能脚心对人。

与泰国人交谈绝不能讲对佛祖和国王不敬的话；递物品时应用右手，因泰国人用右手吃饭，左手拿不洁之物；忌红色，因为书写死者姓氏一般是用红颜色，因此绝不能用红笔签名；交谈时，忌讳双腿交叉，否则会被认为是对交谈者的失礼。

读一读

CA959 是中国国际航空公司自北京飞往泰国曼谷的航班，客舱乘务员刘娜第一次飞此航线。她非常认真地准备了泰国的民俗禁忌和礼仪知识。接递物品使用右手；端送物品时，即使在拥挤的空间也绝不经过旅客的头顶；对可爱的小朋友也绝不抚摸他的头。刘娜专业而又得体的服务得到了旅客和乘务长的好评。

二、欧洲地区

（一）英国

1．概况

英国，全称大不列颠及北爱尔兰联合王国，分英格兰、威尔士、苏格兰和北爱尔兰 4 部分，首都伦敦。语言英语，威尔士北部地区还使用威尔士语，苏格兰西北高地及北爱尔兰部分地区仍使用盖尔语。货币英镑，国花玫瑰花。英国的文物古迹比比皆是，自然风景秀丽，旅游资源非常丰富。1972 年 3 月 14 日中英两国正式建立外交关系。

2．宗教信仰

英国居民多信奉基督教新教。

3．主要习俗

英国的礼俗丰富多彩。彼此第一次认识时，一般都行握手礼，不像东欧人那样常以拥抱示礼，随便拍打客人被认为是无礼的行为。

英国人性格孤僻，生活刻板，办事认真，对外界事物不感兴趣，往往寡言少语，对新鲜事物持谨慎态度，具有独特的冷静和幽默。英国人做事很有耐心，任何情况下，他们绝不面露焦急之色。

英国人待人彬彬有礼，讲话十分客气，"谢谢""请"字不离口。英国人对妇女是比较尊重的，"女士优先"的社会风气很浓。英国各民族遵循传统的习惯，尽量避免用"English"一词来表示"英国的""英国人"。

　充电站

要用"British"来表示"英国的""英国人"

英国人包括英格兰人、苏格兰人、威尔士人和北爱尔兰人。由于历史的原因，苏格兰人、威尔士人和北爱尔兰人不愿被称为"English"（英格兰人），可将他们称为"British"（不列颠人）。

英国的饭菜简单，但是吃饭的规矩复杂，严格遵守西餐礼仪。英国人一般较喜爱的烹饪方式有：烩、烧烤、煎和油炸。对肉类、海鲜、野味的烹调均有独到的方式。特别偏好牛肉，在食用时不仅附上时令的蔬菜、烤马铃薯，还会在牛排上加少许的芥末酱调味。在佐料的使用上喜好奶油及酒类、肉豆蔻和肉桂等新鲜香料。

4．禁忌

不能"插队"。"插队"是一种令人不齿的行为。

不能问女士的年龄。因为她认为这是她自己的秘密，而且每个人都想永葆青春，没有比对中年妇女说一声"你看上去好年轻"更好的恭维了。

英国人也不喜欢谈论男人的工资，甚至他家里的家具值多少钱，也是不该问的。

不能砍价。英国人不喜欢讨价还价，认为这是很丢面子的事情。

英国人还有些禁忌须注意，如他们不从梯子下走过，在屋里不撑伞，不把鞋子放在桌子上，从不用人像做装饰等。菊花在任何欧洲国家都只用于万圣节或葬礼上，一般不宜送人。白色的百合花在英国象征死亡，也不宜送人。

（二）法国

1．概况

法国，全称法兰西共和国，首都巴黎。语言法语，货币欧元，国花鸢尾花。法国是世界著名的旅游国，保持全球第一旅游目的地国的称号。巴黎、地中海和大西洋沿岸的风景区及阿尔卑斯山区都是旅游胜地。1964年1月27日中法两国正式建立外交关系。

2．宗教信仰

大多数法国人信奉天主教。

3．主要习俗

受传统文化的影响，法国人不仅爱冒险，而且喜欢浪漫的经历，渴望自由，纪律较差，在世界上法国人是最著名的"自由主义者"。"自由、平等、博爱"不仅被法国宪法定为本国的国家箴言，而且在国徽上明文写出。

法国人诙谐幽默，天性浪漫，善于交际，重视社交礼仪。法国人自尊心强，偏爱"国货"。在人际交往中，法国人所采取的礼节主要有握手礼、拥抱礼和吻面礼。法国女人的家庭和社会地位很高。法国的男人非常尊重妇女，无论在何处走路、进屋、入座，都要让妇女先行；介绍两人相见时，一般职务相等时先介绍女士；同她们握手时，一定要等其先伸手，她们可戴着手套，而男士一定要摘下手套行礼。交往中，法国人对礼物十分看重，同时又有其特别的讲究。宜选择具有艺术品位和纪念意义的物品，不宜选用刀、剑、剪、餐具或是带有明显的广告标志的物品。在接受礼品时，若不当着送礼者的面打开包装，则是一种无礼的表现。

法国人视鲜艳色彩为高贵，视马为勇敢的象征，认为蓝色是"宁静"和"忠诚"的色彩，粉红色是积极向上的色彩，但厌恶墨绿色。

4．禁忌

一般不宜随意将菊花、玫瑰、水仙花、金盏花等送给法国人。在当地送菊花是表示对死者的哀悼，男人不能送红玫瑰给已婚女子，因为玫瑰花表示爱情。送花的数量不能是双数。

 充电站

花 的 语 言

法国人把每一种花都赋予了一定的含义，所以送花时要格外小心：玫瑰花表示"爱情"，秋海棠表示"忧虑"，兰花表示"虔诚"，郁金香表示"爱慕之情"，报春花表示"初恋"，水仙花表示"冷酷无情"，金盏花表示"悲伤"，雏菊花表示"我只想见到你"，百合花表示"尊敬"，大丽花表示"感激"，金合欢表示"信赖"，紫丁香表示"我的心属于你"，白丁香表示"我们相爱吧"，倒挂金钟表示"心里的热忱"，龙头花表示"自信"，石竹表示"幻想"，牡丹表示"害羞"，白茶花表示"你轻视我的爱情"，红茶花表示"我觉得你最美丽"。

法国人忌讳核桃，忌用黑桃图案，商标上忌用菊花。法国人还视孔雀为恶鸟，并忌讳仙鹤、乌龟，认为杜鹃花、纸花不吉利。

法国人大多信奉天主教，认为"13"这个数字以及"星期五"都是不吉利的，甚至能由此引发祸事。

法国人忌讳对老年妇女称呼"老太太"；忌讳男人向女人送香水；忌讳打听别人的政治倾向、工资待遇以及个人的私事。

（三）德国

1．概况

德国，全称德意志联邦共和国，首都柏林。居民包括日耳曼民族及德国的少数民族和犹太人。语言德语，货币欧元，国花矢车菊，又名"蓝芙蓉""荔枝菊""翠蓝"。德国旅游业发达，勃兰登堡门、科隆大教堂、柏林墙、慕尼黑啤酒节等举世闻名。

2．宗教信仰

德国人主要信奉基督教。

3．主要习俗

德国人守纪律、讲整洁；守时间、喜清静；待人诚恳、注重礼仪。朋友见面以握手为礼，告别时亦如此。在交往过程中，大多数人用"您"以及姓氏之前冠以"先生"或"女士"（"夫人"）作为尊称。对女性，不管其婚否或长幼，都可以称"某女士"，但对已婚妇女应以其夫姓称之。送礼在德国也很受重视。

在德国，女士在许多场合下都受到优先照顾，如进门、进电梯、上车，都是女士优先。男士要帮女士开轿车门、挂衣服、让座位等，女士对此只说声"谢谢"，而不必感到不好意思，或者认为对方不怀好意。在同人交谈时，德国人很注意尊重对方。不询问人家的私事（如不问女性的年龄，不问对方的收入），也不拿在场的人开玩笑。就餐谈话时，不隔着餐桌与坐得较远的人交谈，怕影响别人的情绪。

德国人饮食有自己的特色。德国人多属日耳曼族，爱好"大块吃肉，大口喝酒"，每人每年的猪肉消费量居世界首位。除了猪肉，德国人均面包消费量也高居世界榜首。德国人均啤酒消费量居世界首位。

4．禁忌

在德国，忌讳"13"。要是13日碰巧又是星期五，人们会特别小心谨慎。此外，德国人的生日不得提前祝贺。对德国人，年龄、职业、婚姻状况、宗教信仰、政治倾向甚至个人收入，除关系极亲密的人是绝不能提出这类问题的，尤其对女性，更得十分注意。遇到别人生病，除伤风感冒或外伤等常见的病外，不要问及病因及病情，否则会招来好窥视别人隐私之嫌。

（四）俄罗斯

1．概况

俄罗斯，全称俄罗斯联邦，首都莫斯科。全国有130多个民族，其中俄罗斯族人占

82.95%。俄语是俄罗斯联邦全境内的官方语言，各共和国有权规定自己的国语，并在该共和国境内可与俄语一起使用。主要少数民族都有自己的语言和文字，货币卢布，国花葵花。中俄两国拥有 4 300 多千米的共同边界，是山水相连的友好邻邦。克里姆林宫、红场、冬宫、圣瓦西里大教堂等景点闻名于世。1949 年 10 月 2 日中国与苏维埃社会主义共和国联盟（简称"苏联"）建立正式外交关系，1991 年苏联解体，俄罗斯联邦继承了苏联的主权和外交权，1991 年 12 月 27 日，中俄两国在莫斯科签署《会谈纪要》，确认俄继承苏联与中国的外交关系。

2．宗教信仰

居民多信奉东正教，其次为伊斯兰教。

3．主要习俗

在交际场合，俄罗斯人惯于和初次会面的人行握手礼。握手时应脱掉手套，站直或身体稍微前倾，保持一步左右距离，同时应注视对方的眼睛。切不可把另一只手放在口袋里。若许多人同时相互握手，切忌形成十字交叉形。在比较隆重的场合，男子要弯腰吻女子的右手背。

在迎接贵宾之时，俄罗斯人通常会向对方献上"面包和盐"。这是给予对方的一种极高的礼遇，来宾必须对其欣然笑纳。同时，要注意在收到别人的礼物时，最好当面打开致谢。

通常情况下，俄罗斯人在寒暄、交谈时，对外表、装束、身段和风度都可以夸奖，但对人的身体状况不能恭维，这习惯正好与中国人不同。俄罗斯人与他人相见时，他们通常都会主动问候"早安""午安""晚安"或者"日安"。

在正式场合，俄罗斯人一般采用"先生""小姐""夫人"之类的称呼。他们非常看重人的社会地位。因此，对有职务、学衔、军衔的人，最好以其职务、学衔、军衔相称。需要强调的是，在俄语里有"您"这个称呼，它多用来称呼女士、长辈、师长、上司或贵宾，以示尊重与客气。对于亲朋好友，最好还是以"你"相称。这既是为了向对方表示亲热，也是为了让对方不必拘束，随便一些。

俄罗斯人的主食以面食为主，他们很爱吃用黑麦烤制的黑面包。除了黑面包之外，俄罗斯的特色食品还有鱼子酱、酸黄瓜、酸牛奶等。在饮食习惯上，俄罗斯人讲究量大实惠，油大味厚，这与他们多数的国土处于较寒冷地带有关。他们喜欢酸、辣、咸等口味，偏爱炸、煎、烤、炒的食物，尤其爱吃冷菜。

在饮料方面，俄罗斯人十分爱吃冰激凌。他们也很能喝冷饮，很喜欢喝一种叫"格瓦斯"的饮料。他们爱饮烈性酒，最爱喝的是具有该国特色的烈酒——伏特加。

通常，俄罗斯人是不吃驴肉、马肉、海参、海蜇、乌贼和木耳的。还有不少人不吃鸡蛋和虾。用餐之时，俄罗斯人多用刀叉。他们忌讳用餐发出声响，并且不能用匙直接饮茶，或让其直立于杯中。

俄罗斯人将手放在喉部，一般表示已经吃饱。

4．禁忌

俄罗斯人特别忌讳"13"这个数字，认为它是凶险和死亡的象征。但认为"7"意味着幸福和成功。俄罗斯人不喜欢黑猫，认为它会带来厄运。认为镜子是神圣的物品，打碎镜子意味着灵魂的毁灭。但是如果打碎杯、碟、盘则意味着富贵和幸福，因此在喜筵、寿筵和其他隆重的场合，他们还特意打碎一些碟盘表示庆贺。俄罗斯人通常认为马能驱邪，会给人带来好运气，尤其相信马掌是表示祥瑞的物体，认为马掌即代表威力，又具有降妖的魔力。遇见熟人不能伸出左手去握手问好，学生在考场不要用左手抽考签，隔着门槛不握手等。

三、美洲地区

（一）美国

1．概况

美国，全称美利坚合众国，首都华盛顿。语言通用英语。货币美元。国花玫瑰。国鸟白头海雕（秃鹰）。美国旅游资源丰富，主要名胜有科罗拉多大峡谷、黄石国家公园、夏威夷群岛、尼亚加拉大瀑布等。1979年1月1日中美两国正式建立外交关系。

  充电站

"山姆大叔"

美国的绰号叫"山姆大叔"。传说1812年第二次英美战争期间，美国纽约州特罗伊城商人山姆•威尔逊在供应军队牛肉的桶上写有"U.S."，表示这是美国的财产。这恰与他的昵称"山姆大叔"（Uncle Sam）的缩写（U.S.）相同，于是人们便戏称这些带有"U.S."标记的物资都是"山姆大叔"的。后来，"山姆大叔"就逐渐成为美国的绰号。19世纪30年代，美国的漫画家又将"山姆大叔"画成一个头戴星条高帽、蓄着山羊胡须的白发瘦高老人形象。1961年美国国会通过决议，正式承认"山姆大叔"的形象为美国的象征。

2．宗教信仰

美国人主要信奉基督教新教和天主教。

3．主要习俗

美国人一般性情开朗、乐于交际、不拘礼节。握手的时候习惯握得紧，眼要正视对方，微弓身，认为这样才算是礼貌的举止。在告别的时候，也只是向大家挥挥手或者说声"再见""明天见"。

美国人喜爱白色，认为白色是纯洁的象征；偏爱黄色，认为是和谐的象征；喜欢蓝色和红色，认为是吉祥如意的象征。他们喜欢白猫，认为白猫可以给人带来好运气。

美国人不喜欢清蒸和红烩菜肴，不喜欢过烫的菜肴，口味忌咸，稍以偏甜为好。喜欢喝可乐、啤酒、冰水、矿泉水、威士忌、白兰地等。不喜欢在自己的餐碟里剩食物，认为这是不礼貌的。喜爱中国的苏菜、川菜、粤菜。

与美国人谈话时，最好保持半米左右的距离，否则会令他们感觉不舒服。美国人说话时往往做手势，可能拍拍对方的肩膀，以示友好，或者轻拍小孩的脑袋，以示亲爱。许多美国人都惯用左手；在美国左右手没轻重之分，不论用左用右，都没有什么不敬。

4．禁忌

忌讳向妇女赠送香水、衣物和化妆用品。因美国妇女有化妆的习惯，所以她们不欢迎服务人员送香巾擦脸。忌讳冲别人伸舌头，认为这种举止是侮辱人的动作。他们讨厌蝙蝠，认为它是吸血鬼和凶神的象征。忌讳数字"13""星期五"等。

　充电站

美国的小费文化

在美国，支付小费是一种常见的行为习惯。在饭店，美国人在用完餐结账时，会支付给服务员一些小费（至少为账单金额的 15%）；对于帮自己搬运行李的服务员及为自己停放车辆的服务员，美国人也会支付小费表示谢意。除此之外，美国人在美容院或理发店结账时，会支付小费；当花店来送花或披萨店来送披萨时，美国人也有支付小费的习惯。

忌讳询问个人收入和财产情况，忌讳询问妇女婚否、年龄以及服饰价格等私事。忌讳黑色，认为黑色是肃穆的象征，是丧葬用的色彩。特别忌讳赠送带有某公司标志的便宜礼物，因为这有义务做广告的嫌疑。在美国千万不要把黑人称作"Negro"，最好用"Black"一词，黑人对这个称呼会坦然接受。因为"Negro"主要是指从非洲贩卖到美国为奴的黑人。跟白人交谈如此，跟黑人交谈更要如此。否则，黑人会感到你对他的蔑视。

（二）巴西

1．概况

巴西，全称巴西联邦共和国。居民中白种人占 54.03%，黑白混血种人占 39.94%，黑种人占 5.39%，黄种人占 0.46%，印第安人约占 0.16%。首都巴西利亚。葡萄牙语为官方语言。货币雷亚尔。素有"地球之肺"之称的亚马孙热带雨林，面积达 750 万平方千米，占世界森林面积的 1/3，其中大部分位于巴西境内。巴西是世界第一大咖啡生产国和出口国，有"咖

啡王国"之称。主要旅游点有里约热内卢、圣保罗、萨尔瓦多的教堂和古老建筑，巴西利亚城，伊瓜苏瀑布和伊泰普水电站，玛瑙斯自由港，黑金城，巴拉那石林和大沼泽地等。1974年8月15日中巴两国正式建立外交关系。

2. 宗教信仰

巴西人大多信奉天主教。

3. 主要习俗

巴西的风俗习惯与欧洲差不多。巴西人有时较拘礼，有时又十分随和。初见面时，人们以握手为礼，然而亲戚朋友彼此问候，也习惯拥抱、亲颊。不仅如此，就是对完全不相识的陌生人也可以拥抱、亲颊。社交礼仪的亲颊，是在两颊各亲一下。男女彼此亲颊问候，女人与女人也习惯如此，然而在大多数社交圈中，黑人彼此不兴这一套，而习惯握手，同时用左手在对方肩上拍一拍。比较亲近的男士彼此习惯拥抱，在对方背上可重重拍打。

巴西人平常主要吃欧式西餐。因为畜牧业发达，巴西人所吃食物之中肉类所占的比重较大。在巴西人的主食中，巴西特产黑豆占有一席之地。巴西人喜欢饮咖啡、红茶和葡萄酒。

4. 禁忌

忌用绛紫色的花为礼，因为巴西人惯以紫花为葬礼之花。与巴西人打交道时，不宜向其赠送手帕或刀子。英美人所采用的表示"OK"的手势，在巴西看来是非常下流的。

四、大洋洲及非洲地区

（一）澳大利亚

1. 概况

澳大利亚，全称澳大利亚联邦，首都堪培拉。澳居民中70%是英国及爱尔兰后裔，18%为欧洲其他国家后裔，亚裔占6%，土著居民约占2.3%。多民族形成的多元文化是澳大利亚社会一个显著特征。英语为通用语言，货币澳大利亚元（澳元），国花金合欢。澳大利亚四面环海，环境优美，污染少，是一个休闲度假的胜地。旅游业也是澳大利亚发展最快的行业之一。悉尼、凯恩斯、黄金海岸、墨尔本等都是著名的旅游城市。1972年12月21日，中国与澳大利亚正式建立外交关系。

2. 宗教信仰

澳大利亚居民大多信奉基督教。

3. 主要习俗

在澳大利亚人口中，白种人占88%，其中绝大多数为英国血统，其余为意大利、希腊等国移民的后裔。这一人口结构自然形成了接近英国传统的习俗。当然，土著人仍保持着自己特有的习俗。澳大利亚人的姓名排列仍沿袭欧洲的传统，名在前，姓在后。对服务人员一般可称呼其身份，但是更多的人称服务人员为先生、夫人或小姐。如果知道姓名，也可直称其名。

澳大利亚的时间是"一国五制"局面，地区之间相差半小时至两小时。夏时制的起止时间也有差别，所以在澳大利亚城市间旅行及航班要注意时差，了解到达时的当地时间。

澳大利亚人性格爽快，粗犷开朗，喜欢直截了当地表示自己的意见。他们喜欢与人交谈，并能很快地结交朋友。澳大利亚女性相对较为保守。她们办事认真，时间观念强，很像其祖先英国人，但不像英国人那样斯文，墨守成规。

澳大利亚人习惯以握手表示友谊，但在亲朋好友之间通常行亲吻礼或亲面以示情感。澳大利亚人在公共场所自觉排队等候服务，买票、购物、乘车、存取钱等都按顺序排队进行。人与人之间要留有一定的距离，绝不能紧靠前面的人，"插队"更是失礼行为。

澳大利亚人十分注重穿着和用餐礼仪。吃东西发声大、刀叉碰撞声大、边咀嚼边讲话都被认为是失礼的举止。

澳大利亚人的饮食习惯与英国人相似，但更喜爱吃鱼类和蔬菜，对中餐非常喜欢。

澳大利亚人口味有下列特点：

（1）注重菜肴色彩，讲究新鲜、质高；

（2）口味爱甜酸，不喜太咸；

（3）主食喜面食，尤其喜欢中国的水饺；

（4）喜吃鸡、鸭、海鲜、牛肉、蛋类，也喜豆芽菜、西红柿、生菜、菜花等；

（5）偏爱煎、炸、炒、烤烹调制成的菜肴；

（6）喜啤酒、葡萄酒，饭后喜咖啡，也很爱饮红茶、花茶；

（7）喜新鲜水果，以荔枝、苹果最受欢迎，喜食花生米。

4．禁忌

无意打探他人的事情。与澳大利亚人交谈时，不要涉及金钱、婚姻、年龄、职业、宗教信仰等私事。

（二）埃及

1．概况

埃及，全称阿拉伯埃及共和国，首都开罗，人口以阿拉伯人为主，官方语言为阿拉伯语，通用英语和法语，货币埃及镑，国花莲花。埃及是举世闻名的四大文明古国之一，素有"世界名胜古迹博物馆"之称。在尼罗河谷、地中海畔以及西部沙漠等地都发现了大量的古埃及文明的遗迹。1956 年 5 月 30 日埃及与中国正式建立外交关系，成为第一个承认中华人民共和国的阿拉伯非洲国家。

2．宗教信仰

伊斯兰教为埃及国教。

3．主要习俗

埃及自古不是一个封闭的国家，它曾遭到来自亚、非、欧一些国家的占领和长期统治。埃及人同异族人通婚、融合，直至最终被同化为阿拉伯人，但他们又区别于其他阿拉伯人，一些家庭好似"联合国"，父母、儿女、女婿、儿媳分属不同的国籍。埃及人视外国人如同本国人，绝不会把他们看作"洋人""外国贵宾"。埃及人非常容易接近和成为朋友，人际关系相对轻松、融洽。他们喜欢帮助人，乐善好施，偷盗和犯罪行为较少。埃及人三句话不离真主。

埃及人在正式用餐时，忌讳交谈，否则会被认为是对神的亵渎行为。他们喜食羊肉、鸡、鸭、鸡蛋以及豌豆、洋葱、南瓜、茄子、胡萝卜、土豆等。在口味上，一般要求清淡、甜、香、不油腻。串烤全羊、烤全羊是他们的佳肴。

埃及人一般都遵守伊斯兰教教规，忌讳喝酒，喜欢喝红茶。他们有饭后洗手、饮茶聊天的习惯。忌吃猪、狗肉，也忌谈猪、狗。不吃虾、蟹等海味及动物内脏（除肝脏外）和鳝鱼、甲鱼等异状的鱼。

想一想

本项目开头的案例导入中，小刘为什么意识到递给埃及留学生鱼香肉丝餐盒是错误的？

埃及人在日落以后和家人一起共享晚餐是其传统习俗，所以在这段时间内有约会是失礼的。埃及伊斯兰教徒有个绝不可少的习惯：一天之内祈祷数次。

4．禁忌

男士不要主动和妇女攀谈；不要夸人身材苗条；不要称道埃及人家里的东西，否则会被认为你在向他索要；不要与埃及人谈论宗教纠纷、中东政局及男女关系。

在埃及，一到了下午 3~5 点，人们大都忌讳针。商人决不卖针，人们也不买针，即使有人愿出 10 倍的价钱买针，店主也会婉言谢绝，绝不出售。

充电站

埃及人为什么忌讳针？

埃及是个憎恨针的国家。这里有一个自古相传的习俗：每天下午 3~5 点，不卖针，不买针，也不谈针。当地人认为，天上的神每天都在这个时候下凡，向人们恩赐生活必需品。神的施舍很特别，越富的人赐予越多，越穷的人赐予越少。而穿针引线是穷困者的生计，所以家里有针的人得不到更多的赏赐。于是，在"诸神下凡"的时间里，人们都忌讳与针有关的事情。在非借针不可的时候，出借的人会把针插在面包里交给借针人。另外，埃及女性以丰腴为美。

这也许和埃及人爱吃甜食有关。大街上多见肥胖妇女，但她们非常骄傲，而那些身材苗条的女性似乎有点抬不起头，觉得愧对夫婿。如果一位妇女被人说成"瘦得像针似的"，那简直是对她莫大的侮辱。

在埃及，进清真寺时，务必脱鞋。埃及人爱绿色、红色、橙色，忌蓝色和黄色，认为蓝色是恶魔，黄色是不幸的象征，遇丧事都穿黄衣服。也忌熊猫，因它的形体近似肥猪。喜欢金字塔形莲花图案。禁穿有星星图案的衣服，除了衣服，有星星图案的包装纸也不受欢迎，禁忌猪、狗、猫、熊。3、5、7、9是人们喜爱的数字，忌讳13，认为它是消极的。吃饭时要用右手抓食，不能用左手。不论送给别人礼物，或是接受别人礼物时，都要用双手或者右手，千万别只用左手。在埃及人面前，不能把两手的食指碰在一起，他们认为这个手势是不雅的。

想一想

本项目开头的案例导入中，埃及留学生为何最后还是很愤怒？

（三）南非

1. 概况

南非通常被称作"彩虹之国"，比喻南非在结束了种族隔离主义后所呈现出的文化多样性。

南非共和国是世界上唯一同时存在3个首都的国家：行政首都茨瓦内是南非中央政府所在地；立法首都开普敦是南非国会所在地，是全国第二大城市和重要港口，位于西南端，为重要的国际海运航道交汇点；司法首都布隆方丹为全国司法机构的所在地。人口主要由黑人、白人、有色人和亚裔4大种族构成。英语、祖鲁和南非荷兰语为官方语言。货币兰特，国石钻石。南非自然风光绮丽多姿，人文景观丰富灿烂，素有"游览一国如同环游世界"的美誉。南非的旅游景点主要集中在东北部和东南沿海地区，拥有各种不同风景可以满足不同游客的喜好。其中，生态旅游和民俗旅游是南非旅游业的两大主要特点。除了好望角、开普敦等著名景点，南非早期的黄金开采地——约翰内斯堡，南半球最大的娱乐中心——太阳城，非洲大陆最西南端的"天涯海角"——开普敦，号称世界上最大的黑人城镇、曼德拉等南非非洲人国民大会领袖曾经生活过的南非革命圣地——索韦托，世界钻石之都——金伯利也吸引着来自世界各地的观光客。1998年1月1日中国与南非共和国正式建立外交关系。

2. 宗教信仰

居民主要信奉基督教、伊斯兰教和原始宗教。

3. 主要习俗

南非礼仪可以概括为"黑白分明，英式为主"。"黑白分明"是指：受到种族、宗教、习俗的制约，南非的黑人和白人所遵从的社交礼仪不同。如南非的黑人往往会使人感到性格外露，肢体语言非常丰富；而南非的白人则大多数显得较为矜持，讲究的是喜怒不形于色。"英式为主"是指：在很长的一段历史时期内，白人掌握南非政权，并且长期推行种族歧视政策，使白人的社交礼仪特别是英国式社交礼仪广泛地流行于南非社会。

在社交场合，南非人所采用的普遍见面礼节是握手礼，对交往对象的称呼则主要是"先生""小姐"或"夫人"。西方人所讲究的绅士风度、女士优先、守时践约等基本礼仪，南非人早已身体力行。

南非黑人有着自己的个性与尊严，因此，要对南非黑人的特殊礼仪表示认同和尊重。有时，南非黑人在待人接物上会表现出不同于主流社会的风格，如有些黑人在与客人相见时会行拥抱礼或亲吻礼，有些黑人则会行一种形式独特的握手礼，即先用左手握住自己右手的手腕，然后再用右手去与人握手。

在迎客时，许多地方的黑人往往列队相迎，载歌载舞，习惯以鸵鸟毛或孔雀毛赠予贵宾，客人们则应高高兴兴地将这些珍贵的羽毛插在自己的帽子上或头发上。

南非黑人的姓名虽然大多已经西化了，但他们在称呼时还喜欢保留自己的传统，即在姓氏之后加上相应的辈分，如"乔治爷爷""海伦大婶"，以表示双方关系的亲密。

在饮食习惯上，南非人也表现出"黑白分明"的特点。南非的白人饮食习惯与英国人相似，以西餐为主，他们吃牛肉、鸡肉、鸡蛋、面包和青菜，爱喝咖啡和红茶。另外，意大利式的烤馅饼也很流行。南非黑人大多以玉米和大米为主食，喜欢牛、羊肉，一般不吃猪肉，也不大吃鱼。不喜欢生食，爱吃熟食。

南非著名的饮料是被称为"南非国饮"的如宝茶，它深受南非各界人士的欢迎，被称为"南非三宝"之一。

4．禁忌

信仰基督教的南非人，忌讳数字"13"和"星期五"；南非黑人非常敬仰自己的祖先，他们特别忌讳外人对自己的祖先言行失敬。跟南非人交谈，有四个话题不宜涉及：① 不要为白人评功摆好；② 不要评论不同黑人部族或派别之间的关系及矛盾；③ 不要非议黑人的古老习惯；④ 不要为对方生了男孩表示祝贺。

此外，还应注意：

（1）使劲握手。如果握得有气无力，被认为礼貌不周，最好握得他们手都感觉到麻木叫痛。

（2）莫提肤色。Negro、Black 二词在非洲是最大的禁忌。

（3）举手打招呼。举起右手，手掌向着对方，表示"我的手并没握石头"，是友好的象征。

 牛刀小试

　　某日，中国国际航空公司 CA××× 航班于 12:35 起飞，自北京飞往伦敦。机上乘客主要有英国在华留学生和商务旅客，还有利用寒假前往欧洲旅行的巴西、南非及日本在华留学生。另外，还有美国、俄罗斯及法国的商务旅客。请以 3～4 人为一小组，根据本次航班旅客组成情况，为机组客舱乘务员准备服务手册。

　　提示：根据旅客国籍不同，客舱乘务员应从语言称谓、仪态礼仪、宗教信仰及配餐服务等方面对不同国家的旅客进行针对性服务。

任务二　我国港澳台地区的民俗与礼仪

　　祖国大陆一直是港澳台地区传统的旅游出游地。两岸"三通"（通邮、通商、通航）以来，台湾省居民与大陆的经贸合作及观光旅游更加频繁。了解我国港澳台地区的民俗礼仪，能够更好地提高相关航线的服务质量。

一、香港

1．概况

　　香港位于中国东南海岸，珠江口之东，与广东省的深圳市毗邻。香港包括香港岛、九龙和新界，总面积 1 104 平方千米。香港自古以来为中国的领土，1840 年鸦片战争后陆续被英国占领。根据 1984 年 12 月 19 日签署的《中英联合声明》，两国政府于 1997 年 7 月 1 日举行了香港政权交接仪式，宣告中国对香港恢复行使主权，从而实现了长期以来中国人民收回香港的共同愿望。同日，中华人民共和国香港特别行政区正式成立，1990 年 4 月由第七届全国人民代表大会第三次会议通过的《香港特别行政区基本法》也开始实施。

2．宗教信仰

　　香港人信奉不同的宗教。佛教和道教是中国的传统宗教，在香港拥有大批信众，有庙宇 600 多所。佛教的主要节日为农历四月初八的佛诞日。保佑渔民和海员的天后娘娘，信众甚多。"黄大仙"是香港的民间神。

3．主要习俗禁忌

　　香港绝大多数家庭恪守粤式传统饮食方式。香港人相约饮茶时常相互斟茶以示客气，受斟者用食、中指轻敲杯旁桌面致谢。宴请时穿着清洁整齐，客人要待主人说"起筷"才开始进食，喝酒进食时应先谢女主人。用餐时手不能横抬、枕桌，不能"飞象过河"（取远处的菜）、"美人照镜"（将碟子拿起取菜），喝汤时不能出声，不能剩菜。上鱼时鱼头应对着客人，吃鱼时不能反转鱼身。

称呼上，对中老年妇女忌称"伯母"（音同"百无"）。春节时，祝词不能讲"新年快乐"（音同"快落"，不吉利）。

送花时忌送剑兰（音同"艰难"）、扶桑（音同"服丧"）、茉莉（音同"没利"）、梅花（音同"倒霉"）。送礼忌送钟（音同"送终"）、书籍（音同"输"）、毯子（音同"压财"）。

对数字很迷信，对"3"和"8"（谐音"生""发"）感兴趣。

二、澳门

1. 概况

澳门位于广东省珠江口西岸，与香港相距 40 海里，包括澳门半岛、凼仔岛和路环岛等。根据《中葡联合声明》，1999 年 12 月 20 日两国政府如期举行了澳门政权交接仪式，中国对澳门恢复行使主权。同日，澳门特别行政区宣告正式成立，1993 年 3 月第八届全国人民代表大会第一次会议通过的《澳门特别行政区基本法》也开始实施。

2. 宗教信仰

澳门居民主要信仰佛教、道教、基督教等。崇拜观音，妈祖在澳门特别流行，其代表建筑有明朝成化年间由闽商兴建的妈祖阁。

3. 主要习俗禁忌

风俗与广东、香港风俗相似，土生葡萄牙人大多仍保留欧洲的生活方式。

澳门是世界著名赌城之一，博彩业是澳门支柱产业。

三、台湾

1. 概况

台湾位于我国大陆东南的海域，东临太平洋，西隔台湾海峡与福建省相望。台湾包括本岛、临近属岛和澎湖列岛等大小 80 多个岛屿，总面积 3.6 万平方千米。

2. 宗教信仰

就信仰人数而言，佛教与道教为台湾两大宗教，而其他宗教虽然较不普遍，但也拥有不少的信众，如基督教、伊斯兰教。台湾民众普遍祭拜妈祖、土地公、关公、城隍等神祇。如今，佛教、道教等宗教和儒家学说在台湾的区分已经非常模糊，它们相互影响融合而成为多神教，在寺庙中各种不同宗教的神灵被共同祭祀也是常见的事。然而在原住民部落则普遍信仰基督教。

3. 主要习俗

台湾是从明末清初福建、广东大量移民后才逐步被开发的。日本殖民者虽然挖空心思想

实行民族同化，但遭到台湾同胞的坚决抵制。解放战争末期又有大批大陆人员来到台湾，所以台湾汉族同胞的生活习惯和社会风俗许多与大陆基本相同。现今，台湾居民习俗一般保持着闽、粤地区的特征。

台湾居民一日三餐以大米为主食。台湾居民祭祀神明，宴请客人时必备良酒。春夏之交，秋冬之际，多以中药炖煮动物性食品以提神补身。菜肴多用味精、砂糖等调味。酒楼饭店经营川、粤、京、津、苏、浙、湘、闽等地风味饭菜。

4．禁忌

台湾岛居民禁以手巾、扇子、剪刀、雨伞、镜子、钟、甜果和粽子赠人。

牛刀小试

某日，中国东方国际航空公司 MU×××× 航班于 14:00 起飞，自上海飞往香港。机上乘客主要是来内地旅游的香港、澳门旅客。另外，还有台湾的商务旅客和内地赴港旅客。请以 3～4 人为一小组，根据本次航班旅客组成情况，为机组客舱乘务员准备服务手册。

提示：根据旅客来源地区不同，客舱乘务员应从语言称谓、仪态礼仪、宗教信仰及配餐服务等方面对不同地区的旅客进行针对性服务。

任务三　我国主要少数民族的民俗与礼仪

我国为多民族国家，少数民族多聚居在我国青藏、西北、西南、中南和东北等地区。随着我国西部大开发战略的展开，东西部航线日益增多，旅客中多有少数民族，而少数民族大多具有其独特的民俗和禁忌。因此，了解少数民族民俗与礼仪是十分必要的。

一、满族

1．概况

满族主要分布在中国的东北三省，以辽宁省最多。另外，在内蒙古、河北、山东、新疆等省、自治区以及北京、成都、兰州、福州、银川、西安等大中城市也均有少数散居满族。满族有自己的语言、文字，满语属阿尔泰语系满—通古斯语族满语支。现普遍习用汉语言文字。

2．宗教信仰

满族信奉萨满教，还信奉佛教。

3．主要习俗

满族人孝敬长辈，注重礼节。在路上遇见长辈，要侧身微躬，垂手致敬，等长辈走过再行。不但晚辈见了长辈要施礼，在同辈人中年轻的见了年长的也要施礼问候。亲友相见，除握手互敬问候外，有的还行抱腰接面礼。过春节时要拜两次年，年三十晚上拜一次，为辞旧岁，年初一再拜一次，叫迎新春。

满族人过去以玉米、稗子、高粱米、小米、荞麦为主食，现在以小麦、大米为主食。满族的饽饽历史悠久，清代即成为宫廷食品。其中最具代表性的是御膳"栗子面窝窝头"，也称小窝头。满族点心"萨其马"也是京城的著名糕点。

4．禁忌

过去，满族人讲究室内西炕不得随意坐人和堆放杂物；不戴狗皮帽、不铺狗皮褥。

二、蒙古族

1．概况

蒙古族现主要分布在内蒙古自治区，其余分布在新疆、青海、甘肃、辽宁、吉林、黑龙江等省、自治区。蒙古族有自己的语言文字。蒙古语属阿尔泰语系蒙古语族，有内蒙古、卫拉特、巴尔虎布利亚特三种方言。《蒙古秘史》等典籍已被联合国教科文组织确定为世界著名文化遗产；著名的英雄史诗《江格尔》，是中国三大英雄史诗之一；《饮膳正要》被列为对世界文明贡献卓著的重要医学发明成果之一。

2．宗教信仰

蒙古族早期信仰萨满教，元代以后普遍信仰喇嘛教（藏传佛教）。

3．主要习俗

蒙古族人见面要互致问候，即便是陌生人也要问好。平辈、熟人相见，一般问"赛拜努"（你好），若遇见长者或初次见面的人，则要问"他赛拜努"（您好）。款待行路人（不论认识与否），是蒙古族的传统美德。献哈达也是蒙古族的一项高贵礼节。献哈达时，献者躬身双手托着递给对方，受者亦应躬身双手接过或躬身让献者将哈达挂在脖子上，并表示谢意。

蒙古族牧民视绵羊为生活的保证、财富的源泉。日食三餐，每餐都离不开奶与肉。以奶为原料制成的食品，蒙古语称"查干伊得"，意为圣洁、纯净的食品，即"白食"；以肉类为原料制成的食品，蒙古语称"乌兰伊得"，意为"红食"。在日常饮食中与红食、白食占有同样重要位置的是蒙古族特有食品——炒米。西部地区的蒙古族还有用炒米做"崩"的习俗。用炒米做"崩"时，加羊油、红枣、红、白糖拌匀，捏成小块，就茶当饭。蒙古族人每天离不开茶，除饮红茶外，几乎都有饮奶茶的习惯，每天早上第一件事就是煮奶茶。煮奶茶最好用新打的净水，烧开后，冲入放有茶末的净壶或锅，慢火煮2～3分钟，再将鲜奶和盐兑入，烧开即可。大部分蒙古族人都能饮酒，所饮用的酒多是白酒和啤酒，有的地区也饮用奶酒和马奶酒。

4．禁忌

蒙古族人办丧事时忌红色和白色，办喜事时忌黑色和黄色。

三、回族

1．概况

回族主要分布在宁夏回族自治区以及甘肃、青海、河南、新疆、云南、河北、安徽、辽宁、吉林、山东、北京、天津等省、自治区、直辖市。回族人以汉语作为本民族的语言，并保留了一些阿拉伯语和波斯语的词汇，使用汉字。回族民间歌曲"花儿"在甘肃、宁夏和青海一带广为流传，其中以甘肃临夏回族自治州康乐县莲花乡每年六月初一至初六的"花儿"盛会规模最大。

2．宗教信仰

回族信仰伊斯兰教，生活习俗等方面受伊斯兰教影响，主要节日有开斋节、古尔邦节、圣纪节三大节日。

3．主要习俗

在日常生活中，见面都要问安。在宗教场合或晚辈见到长辈，在问安同时，还要右手平放胸前鞠躬。客人来访，要先倒茶，还要端上瓜果点心或自制面点招待，而且所有家庭成员都要来与客人见面、问好。若遇上老年客人，还要烧热炕请老人坐，并敬"五香茶"或"八宝茶"。送客时，全家人都要一一与客人道别、祝福。对远客、贵客还要送出村庄或城镇才分手。

4．禁忌

回族人忌讳别人在自己家里吸烟、喝酒；禁用食物开玩笑，也不能用禁食的东西做比喻，如不得形容辣椒的颜色像血一样红；禁止在人前袒胸露臂；忌讳在背后诽谤和议论他人短处；凡供人饮用的水井、泉眼，一律不许牲畜饮水，也不许任何人在附近洗脸、洗澡或洗衣服。取水前一定要洗手，盛水容器中的剩水不能倒回井里。回族人饮水较讲究，凡是不流的水、不洁净的水均不饮用。忌讳在水源旁洗澡、洗衣服、倒污水。

四、维吾尔族

1．概况

"维吾尔"是维吾尔族的自称，意为"团结"或"联合"。维吾尔族主要聚居在新疆维吾尔自治区天山以南的喀什、和田一带和阿克苏、库尔勒地区，其余散居在天山以北的伊犁，少量居住在湖南桃源、常德等地。维吾尔族有自己的语言，维吾尔语属阿尔泰语系突厥语族；文字系以阿拉伯字母为基础的拼音文字。新中国成立后，推广使用以拉丁字母为基础的新文字，现两种文字并用。

2．宗教信仰

维吾尔族信奉伊斯兰教。传统节日有肉孜节、古尔邦节、初雪节等。

3．主要习俗

维吾尔族以面食为主，喜食牛、羊肉。主食的种类有数十种，最常吃的有馕、羊肉抓饭、包子、面条等。

4．禁忌

吃饭时，客人不可随便拨弄盘中食物，一般不把食物剩在碗中，同时注意不让饭屑落地。共盘吃抓饭时，不将已抓起的饭粒再放进共盘中。吃饭或与人聚谈时，不擤鼻涕、吐痰，否则会被认为是失礼。饭前饭后必须洗手，洗后只能用手帕或布擦干，忌讳顺手甩水，认为那样不礼貌。

五、壮族

1．概况

壮族是中国少数民族中人口最多的一个民族，主要聚居在广西、云南文山、广东连山、贵州从江、湖南江华等地。壮语属汉藏语系壮侗语族壮傣语支，分南北两大方言。南宋时，曾在汉字的基础上创造出"土俗字"，但使用范围不广，至今壮文仍有使用，但多使用汉字。

2．宗教信仰

壮族信仰原始部落宗教，祭祀祖先，部分人信仰天主教和基督教。著名节日有一年一度的歌圩节等。

3．主要习俗

壮族是个好客的民族。敬酒的习俗为"喝交杯"，其实并不用杯，而是用白瓷汤匙。两人从酒碗中各舀一匙，相互交饮，眼睛真诚地望着对方。壮族丧葬酒席多为素菜，只有出殡以后才能吃荤。

4．禁忌

壮族人忌讳农历正月初一这天杀牲；妇女生孩子的头三天（有的是头七天）忌讳外人入内；忌讳生孩子尚未满月的妇女到别人家里串门。

六、苗族

1．概况

苗族现在主要聚居于贵州东南部、广西大苗山、海南岛及贵州、湖南、湖北、四川、云南、广西等省、自治区的交界地带。苗族有自己的语言，苗语属汉藏语系苗瑶语族苗语支，

分 3 大方言：湘西、黔东和川黔滇。1956 年后，设计了拉丁字母形式的文字方案。由于苗族与汉族长期交往，有很大一部分苗族人兼通汉语并用汉字。

2．宗教信仰

苗族过去盛行对自然和祖先的崇拜。较大的节日是"西松"（祭祖），每年秋后举行一次。

3．主要习俗

苗族是个能歌善舞的民族，尤以飞歌、情歌、酒歌享有盛名。芦笙是苗族最有代表性的乐器。吃鸡时，鸡头要敬给客人中的长者，鸡腿要赐给年纪最小的客人。有的地方还有分鸡心的习俗，即由家里年纪最大的主人用筷子把鸡心或鸭心拈给客人，但客人不能自己吃掉，必须把鸡心平分给在座的老人。有的地方还敬"牛角酒""梳子肉"，客人一一接受，主人最高兴。如客人酒量小，不喜欢吃肥肉，可以说明情况，主人不勉强，但少吃少喝，则被视为看不起主人。

4．禁忌

苗族人险恶环境中忌嬉笑；忌刀口朝上；忌用凶器指人；父母或同村人去世，1 个月内忌食辣椒；忌在家里或在夜间吹口哨。

七、藏族

1．概况

藏族主要聚居在西藏自治区及青海、甘肃、四川以及云南等地。藏族有自己的语言和文字。藏语属汉藏语系藏缅语族藏语支，分卫藏、康方、安多 3 种方言。现行藏文是 7 世纪初根据古梵文和西域文字制定的拼音文字。

2．宗教信仰

藏族信奉大乘佛教，大乘佛教吸收了藏族土著信仰本教的某些仪式和内容，形成了具有藏族色彩的"藏传佛教"。藏族对活佛高僧尊为上人，藏语称为喇嘛，故藏传佛教又被称为喇嘛教。

3．主要习俗

献哈达是藏族待客规格最高的一种礼仪，表示对客人热烈的欢迎和诚挚的敬意。"哈达"是藏语，即纱巾或绸巾。它以白色为主，亦有浅蓝色或淡黄色的，一般长为 1.5 ～ 2 米，宽约 20 厘米。最好的是蓝、黄、白、绿、红五彩哈达，主要用于最高最隆重的仪式（如佛事）等。

绝大部分藏族人以糌粑为主食，即把青稞或豌豆炒熟后磨制成炒面。糌粑既便于储藏又便于携带，食用时也很方便，是农牧民的主要食品。藏族人习惯饮用酥油茶。酥油茶是把砖茶的茶叶倒入 1 米长的木质长筒内，加上盐巴和酥油，用长轴上下冲击，使其各种成分均匀融合而成。藏族同胞宁可三月无肉，不可一天无酥油茶。青稞酒是用当地出产的青稞麦酿制而成的一种低度酒，男女老少皆喜欢。食物多用肉食和奶制品，不少人爱吃风干的牛羊肉。

4．禁忌

藏族人接待客人时，总是让客人或长者为先，并使用敬语，如在名字后面加"啦"字，以示尊敬和亲切，忌讳直呼其名。迎送客人，要躬腰屈膝，面带笑容。室内就座，要盘腿端坐，不能双腿伸直，脚底朝人，不能东张西望。接受礼品，要双手去接。赠送礼品，要躬腰双手高举过头。敬茶、酒、烟时，要双手奉上，手指不能放进碗口。

敬酒时，客人须先用无名指蘸一点酒弹向空中，连续三次，以示祭天、地和祖先，接着轻轻呷一口，主人会及时斟满，再喝一口再斟满，连喝三口，至第四口时，必须一饮而尽。

吃饭时要食不满口，咬不出声，喝不出响。喝酥油茶时，主人倒茶，客人要待主人双手捧到面前时，才能接过来喝。

遇到寺院、玛尼堆、佛塔等宗教设施，必须从左往右绕行。不得跨越法器、火盆、经筒，经轮不得逆转。忌讳别人用手触摸头顶。

 牛刀小试

某日，南方航空公司 CZ×××× 航班于 12:35 起飞，自贵阳飞往拉萨。机上乘客主要有汉族、藏族、苗族、壮族和回族旅客。请以 3～4 人为一小组，根据本次航班旅客组成情况，为机组客舱乘务员准备服务手册。

提示：根据不同民族旅客的情况，客舱乘务员应从语言称谓、仪态礼仪、宗教信仰及配餐服务等方面对不同民族的客人进行针对性服务。

思考与练习

1．以表格的形式总结归纳我国主要客源国的民俗与禁忌。

2．讨论我国香港、澳门、台湾三地航线的航空服务应注意哪些特殊事项。

3．在通往我国少数民族聚居的西南、西北地区航线上，提供航空服务应准备哪些特殊的知识？

4．案例分析：2019 年中国北京世界园艺博览会在北京举行。首都国际机场有来自世界其他国家以及我国港澳台地区的旅客。

请根据本项目知识，针对旅客的语言、宗教和生活习俗及禁忌，列出空乘人员和地勤人员应注意的事项。

主要参考书目

1．马桂茹，张文俊．仪表美与训练 [M]．北京：中国旅游出版社，1994．

2．王春林．旅游接待礼仪 [M]．上海：上海人民出版社，2002．

3．李道魁．现代礼仪教程 [M]．成都：西南财经大学出版社，2005．

4．王兴斌．中国旅游客源国 / 地区概况 [M]．北京：旅游教育出版社，2001．

5．李永．空乘礼仪教程 [M]．北京：中国民航出版社，2003．

6．陈家刚．中国旅游客源国概况 [M]．天津：南开大学出版社，2005．

7．张建融．客源国概况 [M]．北京：北京大学出版社，2005．

8．黄建伟，郑巍．民航地勤服务 [M]．北京：旅游教育出版社，2007．

9．刘晖．空乘服务沟通与播音技巧 [M]．北京：旅游教育出版社，2007．

10．李永，张澜．民航服务心理学 [M]．北京：中国民航出版社，2006．

11．顾胜勤，赵静．民航旅客服务心理学 [M]．上海：上海科学普及出版社，2015．

郑重声明

高等教育出版社依法对本书享有专有出版权。任何未经许可的复制、销售行为均违反《中华人民共和国著作权法》，其行为人将承担相应的民事责任和行政责任；构成犯罪的，将被依法追究刑事责任。为了维护市场秩序，保护读者的合法权益，避免读者误用盗版书造成不良后果，我社将配合行政执法部门和司法机关对违法犯罪的单位和个人进行严厉打击。社会各界人士如发现上述侵权行为，希望及时举报，本社将奖励举报有功人员。

反盗版举报电话 （010）58581999 58582371 58582488

反盗版举报传真 （010）82086060

反盗版举报邮箱 dd@hep.com.cn

通信地址 北京市西城区德外大街 4 号
　　　　　高等教育出版社法律事务与版权管理部

邮政编码 100120

防伪查询说明

用户购书后刮开封底防伪涂层，利用手机微信等软件扫描二维码，会跳转至防伪查询网页，获得所购图书详细信息。也可将防伪二维码下的 20 位密码按从左到右、从上到下的顺序发送短信至106695881280，免费查询所购图书真伪。

反盗版短信举报

编辑短信"JB，图书名称，出版社，购买地点"发送至 10669588128

防伪客服电话

（010）58582300

学习卡账号使用说明

一、注册／登录

访问 http://abook.hep.com.cn/sve，点击"注册"，在注册页面输入用户名、密码及常用的邮箱进行注册。已注册的用户直接输入用户名和密码登录即可进入"我的课程"页面。

二、课程绑定

点击"我的课程"页面右上方"绑定课程"，正确输入教材封底防伪标签上的 20 位密码，点击"确定"完成课程绑定。

三、访问课程

在"正在学习"列表中选择已绑定的课程，点击"进入课程"即可浏览或下载与本书配套的课程资源。刚绑定的课程请在"申请学习"列表中选择相应课程并点击"进入课程"。

如有账号问题，请发邮件至：4a_admin_zz@pub.hep.cn。